大人の婚活

結婚で幸せになれる人の賢い選択

Otona no Konkatsu

橋本きよみ

ブライダルサロンあかね屋

きずな出版

はじめに
結婚へと続いていく道

あなたは、なぜ、今この本を手にされているのでしょうか？

もしかしたら、「大人の婚活」という言葉が気になったからでしょうか？

「大人の」という限りは、それらしいというか、大人ならではの知恵とか、経験とかを活かした、結婚するための賢い方法が書いてあるのではと、思われたとか？

そうであったとしたら、あなたは、かなり勘のいい方だとお見受けします。

お察しの通り、この本ではあなたが「結婚して幸せになる」ために、知っておいていただきたい大人ならではの知識やとるべき行動について、多くの男女、夫婦の実例もまじえながらわかりやすく説明していきます。

申し遅れました。

私は大阪でブライダルサロン「あかね屋」という結婚相談所を経営しています、橋本きよみと申します。

この会社を立ち上げてから35年。おかげさまで、いままでまとめてきた成婚数は、1200組を超えます。長い年月をかけてきたことの結果ということもありますが、それでもこれだけの数のご縁をまとめることができたのには、わけがあります。

そもそも結婚は、受験や就職などとは違って「ご縁」や本人の「運」という、ご自身ではコントロールしきれない「目に見えない何か」の影響を受けます。

そこが結婚の難《むずか》しいところなのですが、とはいえ、婚活に対する取り組み方によって「結婚できる確率」を上げることは可能です。

本書は、縁結びという仕事を通し、これまで私がしてきた失敗や成功を経て、見いだした「結婚できる確率」を上げる方法の数々が書かれています。

たとえば、次の三つは大切です。

・男性と女性の思考や感じ方の違いを理解し、それに合わせて行動すること。
・あなたの結婚を阻《はば》もうとする存在や出来事に対処する方法を知っておくこと。
・恋人でいたい人と実際に結婚する人は違うことを理解すること。

このことを理解したうえで婚活に取り組めば、結婚の確率は上がるはずです。

もちろん、これだけでは終わりません。

本書の使命は読者のあなたが「結婚して幸せになること」のお手伝いをすることです。

結婚できたとしても、幸せになっていただかなければ、その役割を果たしているとはいえません。

「結婚して幸せになる」には、幸せを見いだせる力を高めていく必要があり、そう簡単なことではないのです。

あなたの幸せな結婚のために、その幸せを長く続けていかせるために本書を活用していただけたら、著者として、それほどうれしいことはありません。

では、大人ならではの「結婚に続く道」を、一緒に歩んでいきましょう。

目次

Contents

第2章

幸せの邪魔をする意外な存在

第3章 必ず結婚できる人の絶対ルール

第4章 モテ運を引き寄せる婚活の作法

第5章 残念な結末にしない婚活予防線

第6章 年齢によって結婚は変わる

第7章
人生100年時代の結婚

協力　合同会社 DreamMaker

第1章

不幸にならない結婚への近道

結婚したら幸せになれる？

「結婚したからといって幸せになれるわけではない」

そんな身も蓋《ふた》もないような一言からお話を始めるのは、たいへん気が引けるのですが、この言葉を頭の片隅に置いてもらうだけで、結婚についての認識が変わり、あなたが本当の幸せをつかむために必ず役に立つと思いますので、どうかご理解ください。

「年収1000万円以上の人と結婚したい！」

結婚したら幸せになれる。そう思うからこそ、「結婚したい」と望まれるわけです。

10年前に結婚のお世話をさせていただいた元会員のK子さん（当時31歳）も、そんなお一人でした。

「年収1000万円以上の男性と結婚し、専業主婦になることが私の目標なので、よろしくお願いします」

彼女が入会手続きに来られたときの最初の言葉を、私はいまでも忘れることができません。

どうして、そんなふうに思われるのか、それを訊《き》くと、彼女はこう言いました。

「小さい頃から、母のお金に関する愚痴を毎日のように聞かされてきました。

『お金に余裕がないことで、些細なことも我慢しないといけないなんて、そんな人生は味気ない。だからK子はそれなりに稼げる人と結婚するのよ』って。

それがずっと頭にあって、いつのまにか、自分が結婚するなら、母の言う通りにしなければならない、と考えるようになりました」

それから4年後、50回近いお見合いを経《へ》た末に、彼女はついに願望をかなえました。

お相手の男性は43歳、上場企業で管理職についておられる方で、年収はちょうど1000万円です。職場の上司や同僚、後輩と、多くの人に祝福され、K子さんは、念願の寿退社を果たしました。

ところが彼女は、その後、思いもしなかった現実を突きつけられることになります。

新居に引っ越した日の夜、「これ、今月分ね」と、旦那様から渡されたのは1万円札4枚。

「こんなにお小遣いをもらっていいの!」とK子さんの心は躍《おど》りましたが、喜びも束《つか》の間、それは夫婦二人の1か月分の食費だったのです。

専業主婦になった彼女には収入がありません。ひと月4万円の食費でやりくりするとなると、相当の工夫が必要です。

年収が高く、しかも堅実なご主人と一緒なら、これからも「お金に対する不安」をもつことはないでしょう。けれども、実際は、折り込みチラシをくまなくチェックし、最安値を探す毎日に「人生の味わい」を見いだすどころではありません。結局、自分も働くことになって、彼女の専業主婦としての生活はたった3か月で終わってしまいました。

K子さんは何を間違ってしまったのでしょうか。

私が今、あなたにお伝えしたいのは、結婚においての理想なり目標なりをかなえることは大きな喜びであると同時に、それが裏切られたときには、大きな失望をもたらすということです。高い理想をもつ人ほど、失望するリスクも高くなり、結果として「不幸せな結婚」に至るか、あるいは、その結婚生活にピリオドを打つことになりかねません。

結婚生活の明暗を分けるポイント

結婚してもその生活に満足ができていない人、またそれ以前に婚活がうまくいっていない人には、どこか共通した欲求をもっているように思えることがあります。

それは、「結婚によって自分の人生を変えてもらいたい」という思惑《おもわく》や期待があって、それをかなえてくれそうな結婚相手を探しているということです。

そして、不思議なのは、そのような人は、相手には求めるけど、自分は相手に与えるという意思をほとんどもっていないのです。

これを自然の摂理《せつり》というのでしょうか、この相手に求めている人は、たとえいいところまでいっても、最後は破談になったり、よしんば結婚できたとしても、現実は思い描いた通りの生活ではまったくなかったり、どこかでその考えを改めさせられる機会が、きまってやって来るのです。

相手に「求めること」と「与えること」への認識があるかないか。これが、結婚ができるかできないか、あるいは、結婚できたとして、その後の結婚生活においても、明暗を分ける重要なポイントになっていくのです。

離婚したら終わり？

現在、日本では「3組に1組の夫婦が離婚している」といわれています。

統計上、本当にそれが正確なデータなのかと疑問視する意見も多いと聞きますが、私の家族やきょうだいにも、離婚経験者が何人かいることを思えば、そんなものかと納得してしまいます。

10年前までは、私が結婚のお世話をした方が、離婚されたという話はほとんど聞いたことがありませんでした。しかし、ここ数年、まだポツポツとではありますが、元会員さんから「離婚しました」という報告をいただくようになりました。

多くの夫婦がなぜ離婚に至るのか

それにしても、なぜ、多くの夫婦が離婚に至るのでしょうか？

その理由は、「どの国の男女も『結婚生活の送り方』を教わる機会がないまま結婚しているから」といわれています。

この離婚という事態を避けるために、夫婦が互いに意識すべき大切なことがあります。それは次の2点です。

(1) 夫婦はお互いの性差による違いを、まず理解すること。
(2) 日常生活のあらゆる場面に応じて、その違いを考慮したコミュニケーションをとり合うこと。

この二つは結婚生活を維持していくことにおいて、たいへん重要なことなのですが、学校でも、社会に出てからも学ぶ機会はありません。

実際は自分が育った家庭での経験や両親の関係などからすり込まれた価値観などが基準になって、結婚生活を送っているのですから、夫婦のあいだでうまくいかないことがあっても、それは無理もないことなのです。

●――離婚を「結婚の失敗」と考えない

私の相談所でも現在、再婚を目指しておられる会員さんは、男女とも数多くいます。

これまでの実績でいうと、再婚を目指す方の成婚率は以前からずっと高かったですし、これからもそれは続くことでしょう。

しかし、そんな方々の多くが、初めて面談に来られたとき、ご自身が離婚していることをどこかで卑下《ひげ》されているのでしょうか、きまってこのように言います。

「私は一度、結婚に失敗しているんですけど、それでも大丈夫でしょうか？」

それに対し、私はいつも、次のようにお返事しています。

「あなたは結婚の失敗者ではなくて、結婚生活を経験したことから多くを学ばれた学習者なのですよ」

「えっ？　結婚の学習者ですか！」

それまでは考えもつかなかった解釈に、皆さん驚かれますが、事実はそうなのです。

再婚された方の、2度目の結婚生活に対する満足度は総じて高く、そのことからも、離婚経験のある会員さんの縁結びは、私自身も初婚の方とはまた違ったやりがいを感じます。

さらにいうと、自分は初婚でも、再婚者と結婚された方の満足度も高いようです。

離婚経験者は過去の学びから、お相手に対し過度に期待しなかったり、自分の考えを押しつけなかったり、相手への細かい配慮ができたり、その他もろもろありますが、パートナーに対しての適切な向き合い方を心得ている方が多いように思えます。

「2回目の結婚が本物の結婚」であると言った人がいますが、多くの再婚者と接してきた私には実に真実味のある言葉に思えてなりません。

結婚は、もうあきらめる？

30歳代も半ばにさしかかった女性会員さんの多くが、ため息まじりに言います。

「何年か前から男性に対してドキドキすることが少なくなった」

「最近、本当に好きになれそうな男性がいなくなった」

たしかに、素敵な男性ほど結婚しているし、独身男性だって30代の女性にアプローチするには、それなりに慎重になるだろうし、可能性があるお相手と出会う機会そのものが、以前に比べ相当減っている。――としたら、恋愛するという感覚が薄れてしまうのも無理もないことです。

●――恋愛に消極的になってしまうとき

そもそも私自身が30代半ばの頃は、第三子を出産したばかりで、内職を含めいくつもの仕事を掛け持ちしながら育児をしていたので、それこそ恋愛についてなど考えることはありませんでした。そういう時代だったといえばそれまでですが、恋愛に対して消極的になっている彼女たちの気持ちを理解してあげることはできませんでした。

それでも、みんながそろって同じことを言うというのは、それらしき理由が必ずあるからだと、ずっとそう思っていました。

そして、3年ほど前のこと。

人工知能研究者でベストセラー作家でもある、黒川伊保子さんのご著書『女は覚悟を決めなさい』（ポプラ社）の中に、まさに〝目からウロコ〟の答えを見つけました。

私なりの解釈でそれを説明させてもらうなら、女性が男性に対して「ときめく」感覚を最も強めるのは25歳くらいのときで、その理由は妊娠・出産をつかさどるホルモンや細胞などが、初産《ういざん》に最適な状態になるからなのだそうです。

この頃の女性の脳は、自分と相性のいい遺伝子をもった男性を見分ける感度が鋭くなり、「この人だ！」と認識した相手に強い「ときめき」を感じるのだとか。

この〝ときめき〟とは、ある意味「惚れる力」であり、「運命の人」に対してはそれはより強く発揮されますが、そのぶん、それ以外の男性を拒絶する感覚が強くなるそうです。

つまり、男性に対する好き嫌いがはっきりするのが25歳。そして、このときをピークに、その感覚は年々ゆるくなり、やがて30代も半ばになると、女性の脳は男性選びのストライクゾーンを広げるようになる。広げるぶん、男性に対する「惚れる力」も「拒絶する感覚」も両方がいままでよりも鈍くなっていくのだそうです。

これは、相性のいい遺伝子の持ち主、つまり運命の人探しに同じような厳しい取捨選択をしていると、子どもを産まない可能性が広がってくるためですが、その変化はあくまで無意識の領域で発生しているので、本人にはその自覚がありません。

無自覚だから、「どうしてここ最近はときめく人が現れないのだろう……」という状態に陥《おち》り、モヤモヤする——ざっくり言うと、そのような仕組みが、女性の「脳と身体」にはあり、それらが年齢に応じて作動しているというのです。

●――結婚の確率を上げるコツ

このように「ときめかない」のは、魅力を感じる異性が少なくなっただけではなく、自分の「ときめく力」そのものが落ちたことも大きな理由の一つなのです。

ということで、対象となっている女性会員の方には、お相手選びに対する考え方と行動を変えることをおすすめしています。

具体的には、お見合いの際、いままでだったら1時間ほどお話ししても「ときめかないお相手」だったら、気持ちを切っていたところを、もう少し粘《ねば》って、その人のいいところを探してみる。

それはたとえば、「男としての色気は足りないけど、いいパパになりそう」とか、「家族としてはうまくつき合えそう」とか、異性としてだけではなく、「人としての魅力」を探すという意志と寛容さをもつ、とか。

そのようにして、自分のキャパを少しでも広げていくことが、最終的にはご自身の「結婚の確率」を上げていくことになります。

これは婚活を成功させる大切な要素になるので、あとの章でも事例をまじえるなどして、詳しくお話しさせていただきます。

相手に対する理想が高すぎる？

「私たち○○ブライダルなら、理想のパートナーがきっと見つかります」

いまでこそ、ほとんど見受けなくなりましたが、ひと昔前は、多くの結婚相談所が、ホームページなど広告の見出しに「理想の相手」「理想の結婚」といった具合に「理想」という言葉を多用していました。

理想の相手と結ばれる確率

私も10年くらい前までは、入会されたばかりの会員さん（特に女性）との面談中に、会話の流れで、「どんな人が理想ですか？」などと聞いてしまったことがありました。

でもいまは、私自身がそれを知ったとしてもあまり意味がないので、聞かないようにしています。

なぜなら、その人の好みや理想を聞いても、その段階で描いているイメージに近い人と結婚される人というのは、本当に少ないから。

こんなふうに言ってしまうと、「お見合いで、理想の相手と結ばれる確率は低い」と思われてしまうかもしれませんが、そうではありません。

ここで、あらためて「理想の結婚相手」について考えてみましょう。

さあ、どんな人と結婚したいと思いますか？

そう聞かれると、たいていの人の答えは、かなり曖昧《あいまい》です。

なんとなく「こんな人だったらいいな……」というイメージはあっても、それは半ばファンタジーのレベルであることがほとんどです。

たとえば30代の女性であれば、次のような理想を描いている方が少なくありません。

「有名大学卒で、公務員か大手企業に勤めていて、年収は最低でも８００万円以上。そして、私の実家の近くに住んでくれること。身長は１７５センチ以上で、優しくて頼りがいがあって、育児も積極的に協力してくれて、私の趣味や、友だちつき合いも理解してくれる。そんな同じ年頃か、年下の人だったら結婚を考えてもいいかも……」

本気でそう語るご本人には失礼ですが、こうして文章にして読んでみると、思わず笑いそうになります。

相手に求めるだけでは結婚は成立しない

このような理想を口にすることは、大いに結構です。

ただし、では自分はどうか、ということにも目を向けてほしいと思います。

自分のことは棚に上げて、相手にばかり求めるのでは、自分自身の結婚の可能性を狭《せば》めてしまうばかりです。

「結婚相手は、このような人でなければならない」

そう思い込んでいると、それ以外の人たちはすべて「不合格」となってしまいます。それを本人に会う前から決めつけてしまえば、いつまでたっても、「お相手は見つからない」ということになるのです。

それによって損をするのはご本人ですから、結婚相手に対する考え方を軌道修正してもらう意味で、私は次のように質問することがあります。

「仮にそのような条件を兼ね備えた人があなたの目の前に現れたとして、その人があなたを選ぶ理由は何ですか？」

つまり、あなたがその理想とする相手の方に与えられる価値は何か？　を考えてもらうわけですが、ほとんどの方は答えられません。

結婚相手に求める条件はたくさんあるけれど、その相手に対して、自分は何を与えることができるかを意識していない。自分は要求して当然。しかし自分は相手に対して何もしない。もし逆に相手が自分に対して、そのように考えているとしたら、それはけっして気持ちのいいものではないはず。

でも、そんなふうに、理不尽なことを当たり前のように求めてしまうのは人の性《さが》なのかもしれません。

相手を選ぶ基準を間違えている？

といっても、「もっと現実を見なさい！」と、お相手選びの条件をただやみくもに下げることをおすすめしているわけではありません。

自分が知らなかった自分を発見する

自分がこれまで理想と思ってきたお相手像に限定するのではなく、少しでもいいから範囲を広げてみること。

そして、いままでの価値観では、会うという選択をしなかったような人とも、あえて会ってみることも「じつはすごく大事なのですよ！」と言いたいのです。

たとえば、遊びでもスポーツでも、お稽古事《けいこごと》でも、それまではさほど興味のなかったことだったのに、お友だちに誘われるなど、何かのきっかけから体験してみたら、意外にもハマってしまって趣味になるというようなことがありますよね。

「あっ、私ってこういうことを楽しいって思う人だったんだ」と、これまで〝知らなかった自分〟に気づく瞬間です。

それと同じように、「こんなタイプの人に魅力を感じてしまう自分もいたんだ」と、お見合いを通じて、人と出会うことで、自分自身への新たな「気づき」や「発見」をすることが結構あります。

そして、これまでの傾向としてですが、そのような「未知なる自分」に気づかせてくれた人こそが、本物の「ご縁の人」であることが多いのも事実です。

過去からの固定観念にしばられて、いろんな意味でご自身の「ご縁の可能性」を狭めてしまうのは、本当にもったいないことなのです。

●──「意外にも」ご縁が進みだすとき

結婚相談の過程で、多くの方はこのように言います。

「私も30歳を超えた大人ですから、自分のことは自分が一番よくわかっています」

しかし80歳を超えた私でも、自分はどういう人間なのか未だわかってはいません。

それほど、人間というのはもっと複雑な存在であると私は思っています。

あらゆる事象に「刺激と反応」が起こるように、お見合いの場面でいえば、ある人との出会いという刺激に対し、どのような反応をしたかに本当の自分が映し出されるものだと、この仕事を通して私は確信しています。

「正直に言うと、私のタイプではないんですけど」と言いながら、実際にお見合いが終わっ

てみると、

「橋本さん、今日お会いしたMさんですが、意外にも感じのいい方でした」

「あらそう！　よかったね。で、あなたはどうする？　お相手が交際希望ならお受けする？」

「はい！　もしよければ、私はもう一度、彼に会ってみたいです！」

というようなことからご縁が進みだすことは、毎月、会員さんの中のどなたかに起こっています。

ここでお伝えしたいことは、結婚するお相手を選ぶその基準とは、過去の流れから既に自分の中にあるものだけに沿うのではなく、これからの出会いと自分の反応を通して見えてきた「新たな基準」も加えてみてもらいたいということ。

いままでよりも、少し成熟した大人の目で「お相手選び」をしていくことが、やがて本物の縁をたぐり寄せるのです。

デキる女性は結婚に向かない？

ある日の夕方、入会の手続きに来られたＩ子さん（39歳）。１７０センチ近い長身で細身の彼女は、女優の松雪泰子さん似の美人。紺色のパンツスーツがあまりにも様になっているので、お仕事を聞いてみたら、大手派遣会社の営業部門で管理職につかれているとのことでした。

輝かしいプロフィールが結婚の邪魔をする？

そんな、まさに絵に描いたような美人キャリアウーマンのＩ子さんが、本格的に婚活を始めたのは2年前。全国各地に拠点をもつ大手の結婚相談所に入会されていたそうですが、なかなかご縁にはならず、お友だちの紹介で私のもとを訪ねてくれたのでした。

女性が社会で大活躍する、その時代性もあってか、ここ数年はＩ子さんに代表されるようなアラフォー・キャリアウーマンの入会者が一気に増えました。

彼女たちはそろって高学歴で、海外勤務を経験されていたり、取得が難しい資格をもたれていたり、翻訳家や法律の専門家など、私のような平凡なおばあさんには雲の上の存在のような、高い能力を要するお仕事についておられる方々が、会員ファイルにずらりと並ぶようになりました。

そんな女性であれば、お相手もすぐに見つかりそうなものですが、I子さんがこの2年の活動でご縁に恵まれなかったように、私たちのような業者を介しての婚活では、彼女たちの輝かしいプロフィールが、不利に働いてしまうことがあります。

というのも、彼女たちは、男性からは何かと「ハードルの高いお相手」として見られることが多いので、お見合いはできても、そこからなかなかご縁に発展しづらいのです。

なぜ、そうなってしまうのか。

彼女たちと接していて感じるのは、女性でありながら、その内面や本質の部分は男性的であるということです。それも、いわゆる「デキる男」と同じような高い能力や上昇志向など、独特のエネルギーを感じます。

特に男性の思考回路は「縦の関係」、つまり「上下」や「優劣」「序列」を重んじるようにつくられています。

たとえば、会社内なら誰が上司で、誰に権限があるとか、取引先でもどちらの会社が立場的に優位であるかなど、ここで言う「縦」とはそういう意味です。

この「縦の関係」を常に意識する男性にとって、最も避けたいことは劣等感をもつことです。これは男女間の人間関係においても同じです。

●従来通りの結婚の形にとらわれない

多くの男性は、社会的に有能で経済力もある30代、40代の女性を敬いながらも、その女性が自分の恋人であったり妻であったりすると、自分自身が劣等感をもつことになるのではないかということを恐れます。

だから、傾向として、一緒にいて常に自分が優位でいられる（優位でいられると思い込んでいる）自分よりも年下の女性を求めるのです。

このような、女性にはなかなか理解しがたい〝こだわり〟とか〝面子〟が男性にはあるのです。

そんな複雑な部分をもつ男性に対し、女性が本能的に求めていることは何でしょうか？

経済力が自分より上であることは当たり前で、お相手の男性には自分をリードしてほしい、頼もしくあってほしい。

そういう男性をパートナーにすることを望んでいます。

本能ですから、I子さんのような「デキる女性」も同じです。

けれども残念ながら、このお見合い市場で、そのような資質を備えた独身男性は、そう多くはありません。これが有能な彼女たちが婚活に苦戦する根本的な理由です。

現実的な話をすると、彼女たちのような世の「デキる女性」たちは、経済力などは自分より劣っていたとしても、逆に〝妻のような役割〟を果たしてくれる男性を探すほうが、理にかなった婚活をすることになりそうです。

また男性のほうでも、それもよしとする考え方をする人が増えてきています。

「男性が女性を養う」という伝統的な価値観から少し離れることができれば、「デキる女性」の結婚は、もっとその可能性が広がっていくはずです。

第2章

幸せの邪魔をする意外な存在

親が結婚の邪魔をする？

つい半年前、結婚に対して積極的になれない我が子を半ば泣き落としで入会させたほど、お子さんの結婚を熱望していたお母さんがいらっしゃいます。

しかし、実際にご縁に恵まれ、結婚が決まりそうになると、重箱の隅をつつくようにお相手の方の欠点を探しては、破談にもっていこうとする。

「本当にそんな母親がいるのか？」と驚かれるかもしれませんが、成婚寸前の会員さんが5人もいれば、1人の確率でこんなお母さんが出現します。

結婚が決まりかけることで働く機能

我が子の幸せを誰よりも願っていたのに、なぜ、土壇場でそのような振る舞いをする母親がこうも多いのか？

私自身も、つい最近までその理由がまったく理解できず、このようなことがあるたびに

「親がマリッジブルーになるってどういうこと?・」と、モヤモヤしていました。

けれども、あるとき、心理学に詳しい方に教えていただく機会がありました。

その方によれば、人が理不尽な行動をとってしまうのは、ある意味、無理もないことだというのです。

なぜなら、人の無意識とか潜在意識などといわれている心の奥の深い部分では、過去からいま現在に至るまで続いてきた「現状を維持しようとする」機能が強く働いているからだそうです。

人は、なれ親しんだ日常から「変化」することをリスクと認識するようにつくられていて、リスクを避けようとするのは、自然な反応です。

そして、親にとって、子どもが結婚するというのは、それこそ大きな「変化」です。

「早く結婚して幸せになりなさい!」と、我が子の背中を押しながら、いざ結婚が実現しそうになると、それを全力で阻止《そし》しようとするのは、お母さんが、その「変化」に対し、強烈な痛みを感じているからです。

●――人生における「変化」を受け入れられないとき

一つの実例をもとにお話ししていきましょう。

お見合いから約4か月の交際期間を経て成婚したある一組の男女は、3週間後に結婚式を控えていました。

そんな時期に、女性の両親が突然に相手男性の健康問題を取り上げ、場合によっては婚約解消も辞さないとゴネだしたのです。

男性はその数年前に糖尿病と診断される一歩手前まで、体調を崩したことがありました。

それ以降、彼は食事療法と運動を地道に続けた結果、すっかり健康になりました。

問題はただ一つ、半年に1回、血糖値のチェックのために病院に行くことを女性に言いそびれていたのです。その一点を女性の側の母親が問題視し、他にも自分たちに隠し事があるのではないか？　と、男性に説明を求めてきたのです。

男性はご両親とも他界されており、身内は海外に住むお姉さんがいるだけ。

彼だけで相手のご家族と会うのはあまりにも分が悪いので、私もその話し合いに同行することになりました。

「なんで仲人のあなたがついて来るんですか?」と女性の母親は、私を睨《にら》みつけました。それから一方的に女性のご両親（主導は母親ですが）は、二人の結婚が決まるまでの過程で、彼にいだいた不満や不信感を私たちにぶつけてきました。

それが1時間も続いた頃、女性の父親の態度が急に変わり、私と男性に対する言動を詫《わ》びました。

そのタイミングで、私は父親にこの結婚を進めるのか、破談にするのかを、あらためてうかがいました。

父親は「もちろん進めます」と頭を下げ、母親もそれに従いました。

それにしても、あのときのご両親の態度は何だったのか?

たとえそれが我が子の結婚であったとしても、人は変化を余儀なくされたときに、これほどの苦痛や恐れを感じるのです。

これから先、あなたの結婚が決まり、粛々《しゅくしゅく》とその準備が進んでいく過程で、万が一、これと同じような出来事が両家のあいだで起こらないとも限りません。

そんなときには、理不尽な親の振る舞いには、そうなってしまう心の作用があるのだということを知っているだけで、不必要に悩むことは避けられるはずです。

お母さんのシナリオ通りに生きる？

結婚に関する現実感は、男性よりも女性のほうが圧倒的に強いことは、言うまでもありません。実際、結婚相談所に入会している男女の比率は、女性が7割弱で男性3割強といったところでしょうか。私の相談所でもその割合はほぼ同じです。

母親から出される「結婚の条件」

女性が入会を前提とした面談に来られる際、その約半数は、本人のお母さんも同席されます。そして、多くの場合、面談時間の大半を娘さんではなく、お母さんがもっている我が子の結婚に対する考え方や希望を聞くことに費やされます。

「こう言ってはナンですが、私どももこの子にはどこに出しても恥ずかしくない、それなりの教育をつけてきました。ですので、お相手には、第一希望は医師もしくは弁護士の方。それ以外なら一流大学卒で、誰もが知っているような有名企業にお勤めの方をお願いしたいと思っています」

このようにして、しばらくはお母さんが思い描く我が娘の「結婚シナリオ」が披露されます。

その横で娘さんは、「また始まった……」と憂うつな表情で横を向いてしまいます。

そして、しまいには、娘さんの不機嫌さは限界点に達し、私が目の前にいるにもかかわらず、親子で口論になるなんてこともよくあります。

我が娘の進学先や経歴、就職先はもちろん、結婚相手も、その人生のすべてを自分の描いたシナリオ通りにしたい、という母親。

この仕事をしていると、そのような、ある意味、支配欲の強いお母さんが世の中にはこうも多いものなのかということを実感させられます。

娘さんもお母さんの気持ちはわかっています。

自分も母の期待に応《こた》えるためにがんばってきたけれど、母もまた金銭的にも時間的にも、そして労力においても、相当な犠牲を払って、ここまで育ててくれたのだと思っています。

「結婚に関しても、できることなら母の願いをかなえてあげたい。これまで、高校も大学も志望校に合格できたり、希望する業種の企業に就職できたり、それなりに努力して目標を達成してきた。しかし、結婚だけは、それらと同じようにはいかない」

それで苦しんでいる娘さんは多いのです。

●――親との関係にケリをつける

このような、なんともせつない関係にある母娘とは、後日にあらためて時間をとり、お母さんだけ、娘さんだけというように、それぞれ個別の面談をする必要があります。

そこでお二人にわかっていただきたいのは、母は娘に、娘は母に、お互いが充分に貢献し合ってきたという事実です。

私の経験が参考になるかわかりませんが、お話しします。

二人の娘がまだ小学1、2年生だった頃、我が家の家計ではかなり無理をしてピアノを買いました。そして、大阪でも優秀なピアニストを輩出しているピアノ塾に通わせ、私も毎日1時間以上、練習につき合いました。

発表会は晴れの舞台で、私自身も娘たち以上に高揚《こうよう》していました。

娘たちのためと思いながら、じつは私自身がそんな毎日を楽しんでいたのです。それこそ、親孝行してもらったと、いまでも思っています。

だからまず娘さんに言いたい。

「あなたは常に親の期待に応えようと努力し、結果を出してきた。そのことだけで充分すぎるほど親孝行なお嬢さんなのです」と。

そして、お母さんには、

「あなたは親としての役目を充分に果たしてこられ、娘さんをこんな立派な大人に育てた、まさしく賢母というにふさわしい人なのです」

ということをお伝えしたいです。

まずは、そうした「実績」をお互いが振り返り、相手に感謝し、自分自身についても、娘のため、親のためによくがんばったと認めること。

このような確認の機会をつくることで、母娘の関係にいったんケリをつけてもらう。それによって、ようやく娘さん本人も地に足のついた活動を始められる状態になり、結婚に向けた第一歩を踏み出せるのです。

親の反対を押し切る？

一組でも多くの男女を成婚に導くことを仕事にしている私にとって、大きな障壁となるのは、この章で繰り返しお話ししているように親の反対、それも特に女性側の母親によって、せっかくのご縁が壊されてしまうことです。

結納もすみ、式の日取りまで決まっていたのに、土壇場《どたんば》で婚約破棄となり、私もその後の処理に手をとられるということが、必ず年に何回かはあります。

こうしたケースによる破談が起こるようになったのは、10年くらい前、団塊《だんかい》世代のご両親をもつ方々が、全会員さんの7割近くを占めるようになった時期からです。

●結婚を目前に親がマリッジブルーになる

団塊世代の男女が次々と結婚するようになったのは、70年代前半。その頃の日本は高度経済成長の真っただ中でした。

男性の多くはモーレツ社員として、しゃかりきになって働き、かたや女性は有能であっても、いまのように社会で力を発揮できる時代ではなかったので、ほとんどが結婚後、専業主婦になりました。

夫は仕事第一、妻は育児や家事をしっかりこなし家庭を守るというのが半ば夫婦の常識と考えられていた時代。経済は成長を続け、生活は年々豊かになっていくことを実感できましたが、世の夫は仕事に没頭するあまり、さほど家庭を顧《かえり》みてくれません。

そして、その妻の満たされない思いは、自《おの》ずと我が子に向けられます。多くの妻は、我が子を自分の理想通りの子に育てることに執着することになるわけです。

こうして母と子の絆《きずな》は強くなっていったわけですが、それが高じたあまり、「子離れ」できない親が増えてしまったのは、実に皮肉なことです。

これらはあくまで私の仕事上の経験をもとにした個人的な考えですが、子どもの結婚を目前に親がマリッジブルーになり、ご縁を壊してしまうという流れは、このような積み重ねの上にできた家族関係も大きな一因となっているように思えてなりません。

それにしても、一番気の毒なのは子ども（特に娘）さんです。結婚はしたい。でも、それは親を悲しませることになると考えるわけです。

結婚するしないは自分自身で決めること

「橋本さん、私、いったいどうすればいいんでしょうか？」

いままで何人もの女性会員さんが、涙ぐみながら、私に答えを求めてきました。こんな場面で、「結婚しなさい」とも「やめなさい」とも私には言えません。

せめてできることは、ご本人が結論を出すための参考材料を提供することくらいです。

まず前提として相談者にわかっていただきたいことは、

「あなたの人生と親の人生はまったく別物である」

ということ。

それをふまえたうえで、次のことを考えてみては、とアドバイスします。

「自分の希望をあきらめ、親の希望に従うことは、親の人生を生きることでもあります。

想像してみてください。

親があなたの結婚に反対していることで、あなたにとってプラスになることがあるとしたら、それはどんなことでしょうか？

たとえばそれは親の意向に従うことで、親孝行しているという実感を得られます。あるいは、これまで送ってきた自分の生活や環境を変えないですむなど、何かしらのメリットはあるでしょう。

こんどは逆に、親に従うことで、失うことは何か？ を考えてみましょう。

つまり結婚生活を経験しないことで、得られないものは何でしょうか？」

悩める相談者は、考え込みます。

私は自分の思うところを話します。

「結婚したからといって、必ずしも思ったほどの幸せな気持ちを味わえるとは限りません。むしろ、つらい思いをするほうが多いかもしれません。けれども、それらをすべて含めて結婚という経験は、あなたを成長させることだけは間違いありません」

「結婚する」

「結婚しない」

そのどちらの答えが出たとしても、あなたが納得した決定をすることができたなら、それが親のマリッジブルーを断ち切ったことになると私は考えます。

親友なら結婚を喜んでくれる？

私が特に女性会員さんに口酸っぱくお願いしていることがあります。

それはお見合いでいい方と出会い、その後もご縁が順調に進んでいるのであれば、その進捗を成婚が決まるまで、同じ独身のお友だちや会社の同僚には、話さないでほしいということ。

たとえその人が、唯一無二の親友であったとしても、です。

男性の縦思考、女性の横思考

なぜなら、彼女たちはかなり高い確率でそのご縁を壊そうとするからです。

もちろん、意地悪で言っているのではありません。私の経験上からの忠告です。そんなことを言われても、素直に受け入れることは、相当難しいことだと思いますので、少し長くなりますが、その理由を説明します。

第1章でも触れましたが、男性の思考は「縦思考」、女性の思考は「横思考」といわれます。

「縦思考」の「縦」とは、上下や優劣、序列という意味です。

男性の思考は誰が上で、誰が下なのかの関係を強く意識するという特徴があります。それが社会を構成するうえで合理的だからです。

太古の昔、男性の役割は狩りに出て、仲間と協力し合いながら獲物を倒し、家族のもとに持ち帰ることでした。

たとえば、会社でも序列に従って指示命令がなされていることで組織の秩序が保たれているのは、その名残《なごり》が、いまでも男性の思考に受け継がれているからなのだそうです。

それに対して、女性の思考は周囲の人と横並びであることを大事にします。

これも同じ頃、男が狩りに出ているその間の留守を守る女たちは、互いに協力しながら、それぞれの子どもを育てました。

女性がこのような、相互に助け合いながら生きるという環境で、周囲との調和が図れず孤立してしまうと、自分のみならず、子どもともども生き延びていくことがたちまち困難になります。

●——女友達で、抜け駆けは許されない

女性は、出すぎず、遅れをとらず、周囲の人々と横並びでいることが自分の身を守り、生存するための最良の方法でした。それがいまにも受け継がれているわけです。

独身者同士の友人関係というのは、この横並びの状態が保たれているのと同じです。その中で、あなたが結婚するということは、まわりのお友だちには、「仲間内の中で一人だけ抜け駆けしようとする者がいる」という受け取られ方をします。当然、そこには強い抵抗が働きます。

先ほどお話しした、娘のご縁を土壇場で壊すお母さんのように、人は同じ状態を維持しようと、あらゆる変化を拒《こば》む習性があるというのは、お友だちも同じです。

残酷なようですが、親友でもこのような振る舞いをしてしまうのは、その人の理性によるものではなく、人間がもつ本能によるものなので、しかたがないことなのです。

どんなに固い結びつきであろうと、特に女性同士の人間関係においては、このような地雷が存在する可能性が少なからずあることをわかっていてほしいのです。

「橋本さん、それはいくらなんでも無理です。特に親友のU子に限っては……」

しかし、何度も言いますが、実の母親でさえ、そうなることがあるのですよ。

私はこの仕事を通して、人にはこんな複雑な「性《さが》」があることを嫌というほど見てきました。

結婚に限らず、「成功」には必ず、他者からの「ねたみ」がついてきます。

そして、そのような「負のエネルギー」は思っている以上に強く、油断していると想像を絶するほどの悪い影響を受けることがあるのです。

ですから「秘すれば花」という言葉があるように、結婚という「大きな願い」ほど、それをかなえるための準備や行動は、水面下で進めていくことが大事なのです。

お見合いから前に進めない？

お見合いから交際に進み、やがてその交際も順調に進むと、私たち仲人はタイミングを見て、それぞれの会員さんにお相手との交際を結婚前提にしたものにするかどうかを確認します。これを「真剣交際」といって、お互いがそれを希望されたら、その交際が解消されない限り、他の会員さんとのお見合いをつながないようにします。

●――好きなのに「モヤモヤ」が消えない

会員さんが、この「真剣交際」という結婚前提の段階に進むか否かで、悩むことはよくあります。

「昨晩、あなたと交際中のYさんから真剣交際したいとの申し出がありました。それで、K子さんはYさんのことどう思っているんですか？」

「じつはそれが自分でもよくわからないんです」

「あら、そうなの？」

「逆に橋本さんはYさんのことをどう見ていますか？」

「そうねぇ、私は彼のこと、誠実でとても頼りがいのある素敵な男性だと思っているけど、あなたは彼に対して何かモヤモヤしていることがあるの？」

「いいえ、そうじゃなくて、おっしゃるように、Yさんは誠実で仕事もできるし、男らしくて、とても素敵な人だと思っているんですが、彼のことを〝好き〟かどうか？　って考えると、自分でもどうなのかなぁ？　って……」

「Yさんのことは、好きではないの？」

「いえ、好きは好きなんです。でも、いまの〝好き度合い〟で、結婚前提のおつき合いに進んでもいいのかなぁって……」

「なるほど、ちょっと考えてほしいんだけど、あなたの〝好きレベル〟って何が基準になっているのかなぁ？　ひょっとして過去につき合った人で、一番好きだった男性と同じくらい好きになれないと、あなたの中ではその人のことを〝好き〟と認めていないんじゃないの？」

「あっ、そう言われれば、実際にそうかもしれません」

「いままで一番好きだった人は、あなたがいくつのときにつき合いはじめた彼氏なの？」

「えっと、あれは私が23歳のときでした」

「そう、お相手の方は何歳だった？」

「26歳でした」

「それで、その人とはどれくらいつき合ったの？」

「3年半くらいだったかな?」

「3年半もつき合ったのに、そのときに結婚の話にはならなかったの?」

「ええ、なくはなかったんですが、彼が途中で転職して、その新しい会社での仕事がうまくいかなくて、それでなんとなくぎくしゃくした関係になって終わってしまいました」

このような相談はK子さんに限ってのことではなく、これまでもたいへん多くの会員さんから受けてきました。

つまり、

「私にとっての〝好き〟は、この程度のレベルの〝好き〟ではない」

——だからその程度で、結婚を前提とした交際をこれ以上続けるのはどうか? というところで迷いが出てくるのです。

●——100点満点の「好き」を期待しない

好きだと思いながら結婚を迷ってしまうのは、100点満点の〝好き〟を基準にしているからです。

そして、多くの方のそれは、K子さんと同じく20代半ばくらいまでの恋愛経験を軸にイメージしているせいです。

第1章でもお話ししましたが、20代半ばくらいまでは、「惚れる力」が旺盛《おうせい》なときです。そもそもその時期と恋愛へのエネルギーが落ちている30代の自分では、相応のギャップがあるのです。それを差し引いて考えないと、自分の気持ちを正確に理解することはできません。

わかりやすく言うと「25歳くらいまでは朝方まで遊んで、そのまま会社に行っても平気だったのに、もしいま、そんなことをしたら疲れがとれるまで、まる3日はかかる」という感覚。それと近いのではないかと思うのです。

ということで結論。

「好き」の感覚が知らず識らずに昔とは変わっていることに気づき、それを含めて相手に対する自分の気持ちを見つめてみることが重要です。

結婚しない人生も、あり？

「橋本さん、じつは私、もう結婚することをあきらめようかと思います。お手数ですが退会の手続きをとってもらえますか……」

久しぶりにMさん（38歳：女性）の声を聞いたかと思ったら、いきなりそんな話だったので、少しのあいだ言葉が出ませんでした。

●――妻という役割を果たせるか

彼女があかね屋に入会されたのは、いまからちょうど3年前のこと。「才色兼備」とは、彼女のためにあるような言葉だと思えるほど、立派な学歴とキャリア、そして、麗《うるわ》しい容姿を併《あわ》せもった女性で、しかも「竹を割ったような」性格。

バブルの頃、高学歴、高収入、高身長という、いわゆる「3高」の条件を備えている男性を理想の結婚相手とする風潮がありましたが、それの女性編があるとするなら、Mさんのような人を指すのだと、私自身、彼女にはそんなイメージをもっていました。

そして、恥ずかしながら最近知ったのですが、いまはその「3高」の女性編があるらしく、それは「高学歴」「高収入」「地位が高い」なのだそうで、まさにMさんこそ「3高女子」の代表的モデルです。

そんな容姿も含めた能力の高さで、いままで目標としてきたことは、ほぼすべて達成してきた彼女でしたが、結婚だけは、少しそれまでのものとは勝手が違ったようでした。

この数年にわたる婚活を通し、Mさんは何人かの男性とおつき合いしましたが、結局、「ご縁」には至りませんでした。

というのも、彼女にとって、それまで出会った男性が物足りなかったわけではなく、結婚して、誰かの妻という立場や役割を果たすことに、どうしても違和感をもってしまったのだそうです。

Mさんがその正直な気持ちを伝えてくれたとき、私も彼女に対する思いを話しました。

「Mさん、あなたの本質というか、内面はとても男性的な人。しかもそんじょそこらの男前よりも、ずっと男前な女性です。たとえば、昔から大物芸能人同士のカップルで、長続きした夫婦は少ないじゃない？　それは二人とも内面的には男だから……。そうだとしたら、あなたのような人の場合、考えを切り替えて、妻の役割をしてくれそうな男性を探すのも一つの方法なんだけど、それもあなた的には違うわけでしょ？」

●——結婚しないほうが幸せな人生もある

「はい！　その通りです」

と、微笑みながら答えた彼女の表情から、何かがふっ切れたような、すがすがしさが伝わってきました。

「でも私、これで本当によかったと思います。橋本さんのお世話になったからこそ、私は結婚しないほうが幸せな人間なんだ、ということに気がつけたと思うし、それは私の人生にとって大きなことでした」

やっぱりこの人は賢いなぁ……。

「婚活をしたことによって、自分は結婚しないほうが幸せな人生を歩めると気づいた」

これまであかね屋の会員さんでも、婚活を経験したことで、同じような結論に達した人は、たくさんいます。

もちろん私の使命は、会員さんの「結婚」という願望をかなえるお手伝いをすることですし、全員の願望を成就するために、全力で仕事をしています。

しかし、人にとっての一番大切なことは、「幸せに生きること」です。

幸せに生きることが一番上位にあって、それをかなえる「手段」の一つが結婚かもしれないし、他の何かかもしれない。だから、結婚していないことにも意味があるし、まして結婚していない自分は不幸せなんて決めつけるのは、ナンセンスなのです。

婚活という取り組みは、それを見極める手段でもあるし、また、そのような機能が婚活にはあることを自覚するだけでも、いままでとは違う気づきや学びを得ることができるのでは？　と、私は思います。

第3章

必ず結婚できる人の絶対ルール

恋愛抜きで結婚する？

数年前、クローズアップ現代（ＮＨＫ）で、「恋人いらないってホント？　出現！〝いきなり結婚族〟」という特集番組が放送されました。その内容は「恋愛というプロセスを抜きに結婚したい」と希望する、一人のアラサー会社員、Ｔさんの結婚への取り組み方を通し、若者の恋愛観や結婚観に深く迫っていくというものなどでした。

「共同経営者として家庭を運営できる人」

現在、仕事もプライベートも充実している彼女は、恋愛に対する欲求はありません。けれども、子どもは絶対に欲しいので、どうしても結婚はしたい。そこで彼女は、ＳＮＳで結婚相手を募集するという大胆な行動に出ます。

その募集内容は、年齢、年収、外見などの条件はいっさい問わない。家庭を会社にたとえると「共同経営者として協力しながら、家庭を運営できる人」というユニークなものでした。そのような発信に対し、全国各地の独身男性から数十件も面談の申し込みが入ったそうです。

いかにもいまの時代性を映し出しているような見せ方でしたが、この「恋愛抜き結婚」とは、それこそ伝統的な「お見合い結婚」そのものなのです。

いまから五十数年前、私は職場で主人と出会い、4年の恋愛期間を経て結婚しましたが、その時代の半数以上はお見合い結婚でした。

やがて、団塊世代の人たちが、結婚年齢に達した70年代から、恋愛結婚の数がお見合い結婚よりも上まわったといわれていますが、歴史的に見れば、お見合い結婚こそが「結婚の標準」だったのです。

ほんの40年ほど前までは、女性が経済力をもつことは難しかったので、女性にとって結婚は「生活保障」を確保することでもありました。

そのために「女は25歳までに結婚し家庭に入る」というのが、社会通念上の「暗黙の目安」でもあったので、女性は25歳に近づくにつれ、結婚への切迫感が強くなりました。

一方、男性にしても、家庭の主《あるじ》であることは、「信用の証」でしたし、それをもって「一人前」と評価されたので、男女とも人生における「結婚」の必要性はたいへん大きかったのです。

●――合わないところは少しずつ調整していけばいい

このように結婚は人生の重要課題でしたので、結婚相談所などなくとも、親類縁者、ご近所、職場など、いわゆるコミュニティに縁をつないでくれる「支援者」が存在しました。

たとえば、あちこちの家庭内でこんな会話が頻繁《ひんぱん》にあったことと思います。

妻「AさんとこのIちゃんって、もう23歳になるんですって」
夫「そうか、ウチの会社にM君という真面目な青年がいるんだが、一度話してみるか」
妻「そうですか。だったら、Aさんにも話をしておきますね」

というようなことからお見合いの機会ができて、そのおかげでと言ってもいいほど、多くの夫婦が誕生していったのです。

まさに「いきなり結婚族」そのものであり、これが〝普通に結婚していくこと〟だったのです。

以前、私の相談所でも、お見合いから2週間内で成婚した「スピード婚」がひと月に4組も出たことがありました。

その中の、ある一組の男性が、成婚の挨拶に来られて、こんなことを言いました。

「僕も彼女もお互いのことをまだよくわかっていませんし、これからいろいろ〝自分と違うところ〟を感じては、戸惑うこともあると思います。でも、そのつど二人で話し合って調整していけばいい。お互い受け入れるところは受け入れ、許せることは許す。こうしてゆっくり夫婦としてのつき合い方を見いだしていけばいいと思っています」

穏やかな口調で、これからの未来を語る夫の横顔を頼もしげに眺《なが》めていた彼女。

「恋愛抜き」でも、こんな素敵な結婚が、実際にはたくさんあることを知っておいていただければと思います。

好きだった人を忘れられない？

「私、結婚って恋愛の延長線上にあるものだと思っていたけど、相手のほうは、恋愛と結婚をどこかで分けて考えていたんですね……」

入会の手続きをするために、事務所に来られたA実さん（33歳）は、申込書にペンを走らせながら自分に言い聞かすようにつぶやきました。

新しいご縁を始めるためのルール

つい3か月前まで、彼女には4歳年上の恋人がいました。

その男性とのおつき合いは、まる3年におよび、お互い年齢的なこと、経済力など条件的な面も結婚するには、いい時期を迎えていました。しかし、彼の態度からはそれらしき気配が見えませんでした。

A実さんは意を決して彼の意思を確かめたところ、返ってきた言葉は、

「いまは君と結婚する決心がどうしてもできない」

というものでした。Ａ実さんは、半ば予想はしていたものの、しばらくはつらい日々が続いたと言います。

私はＡ実さんに聞きました。

「その最後の日になったときの彼に対する思いが１００としたら、いまはどれくらいまで少なくなっていますか？」

「う〜ん、そうですね……60くらいまでは減っていますかね？」

「そう。じゃあ、あと最低でもあと40くらいは減らさないといけないね」

「ということは、彼への思いを残り20にまですることですか？」

ご縁を探す活動を始めるにあたり、身辺整理をすることは必須です。

しかし、恋人との関係を断ったからといって、それが完了したわけではありません。

その人への思いも消えていないとダメで、そうでないと婚活しても、なかなかうまくいきません。

どっちつかずの中途半端な心が、近づいてくる縁をはじくからです。

本人の気持ちがグラグラしているのに、縁だけが進んでいったら、最終的に苦しむのはその人自身です。逆にいうと、その人が傷つかないように大きな力が守ってくれているのです。

相手への思いを、いますぐゼロにするというのは難しいかもしれません。人の思いは、そう簡単に割り切れるものではないからです。

それでも、婚活すると決めたら、過去の人への思いを断ち切ることは重要です。それが本当の意味での身辺整理なのです。

●思いを断ち切る決断のとき！

私はその真意をA実さんにわかってもらうために、以前にお世話をさせていただいた女性会員F子さん（当時：28歳）のお話をしました。

F子さんは入会してまもない頃、毎朝、通勤電車で同じ時間、同じ車両に乗って来るある一人の男性のことを好きになってしまいました。そして、その思いは日に日に大きくなりました。

そんな気持ちのまま、何人かの方とお見合いをしましたが、身が入りません。お会いした男性の多くは彼女との交際を希望しましたが、彼女自身は誰ともおつき合いする気になれませんでした。

そこで私は彼女に提案をしました。

「電車の彼に、手紙であなたの気持ちを伝えなさい」と。

数日後、彼女は思い切って、自分の気持ちをしたためた手紙を彼に渡しました。

翌日、彼から電話がありました。彼も彼女の視線を意識していたようで、その声や口調にはどこか親しみがこもっていたそうです。

「手紙をくれてありがとう。だけど、僕にはあいにく家族がいます。でも、もしあなたがよかったら記念に一回だけ食事をしませんか?」

もちろん、彼女はそのお誘いを受けました。そして、実際の彼は終始とても誠実で、彼女がイメージしていた以上に素敵な方だったそうです。

この最初で最後の「憧れの人との食事」を思い出にできたことで、彼女は決断することができました。

「もう迷わない。真剣に結婚相手を探そう」

それから3回目のお見合いで、彼女はとても素敵な男性と出会い、めでたく婚約。思い出の日から半年後、チャペルで大勢の友だちから祝福され、幸せそうに微笑んでいる彼女の写真が事務所に届きました。

どんな人を選ぶのがいい？

私はA実さんにF子さんの写真を見せながら言いました。

「さっき、彼への『思いの数値』を減らすことをおすすめしたけど、そのためにどうすればいいかを言っていいですか？」

「はい。お願いします」

自分の好みかどうかは二の次にして

「まず、好みのタイプかどうかは置いておいて、あなたにお見合いを申し込んで来られた男性と、できるだけ会うようにするのがいいと思う。そして、一人ひとりをよく観察するんです」

「観察ですか？」

「そう。あなたはとても素敵な女性だから、いままで恋愛経験もそれなりにあったはずだし、異性のことで寂しい思いをしたことはそんなになかったように見えるんだけど、どうかな？」

「う〜ん、どうでしょう……。でも言われてみれば、たしかにそうだったかもしれません」

「さっき、あなたは、『結婚は恋愛の延長線上にあるものだと思っていた』と、おっしゃったけど、これから会う男性に対して、恋愛対象としてだけでその人を見ないこと。

たとえば、将来お父さんになったとき、この人は子どもにとってどんなパパになるだろうか？ とか、あるいは、一人の男友達としてみたら、この人と一緒の時間を過ごすことは心地よさそうだろうか？ とか。

いろんな立場、角度から、『その人像』をイメージしてみてはどうかと思うのですよ」

「なるほど、単に男として魅力的かどうかだけで、その人を判断するのではないってことですよね？」

「そう。だから、これからお見合いするお相手の方を、よく観察することが大事になってくるのです。結婚する相手になるわけですから。色恋的に好きなだけで、ずっと一緒に暮らすのは難しいですからね」

「たしかにそうですね……」

「たとえば、あなたが出産して育児期に入ったとき、協力してくれそうだとか、子どもの学校のことやらで悩んだとき、ちゃんと相談に乗ってくれるかとか、そういうことのほうがずっと重要になってきます」

「そう言えば、４つ上に、ちょうど子育て中の姉がいるんですが、同じ意味のことを言っていました」

「そうでしょう。だから、自分を魅力的に見せるための努力と同じくらい、相手の好きになれるところを見つけだすように常に心がけることです。

『人を好きになる能力を高める』ことを意識して、婚活に取り組んでいただきたいのです。そうして、たしかな目でお相手選びをしていると、必ず『本物の縁の人』とつながることができると私は思いますよ」

「なんか、私……。力が湧いてきたというか、テンションが上がってきました（笑）」

「それはよかった。じゃあ、もう一度聞くけど元の彼に対する思いの数値は減った？」

「はい！　もうほとんどなくなったような気がしてきました」

「人を好きになる能力」を磨く

そんなやりとりをしてから、1年半後のお正月。

A実さんからいただいた年賀状に、嬉しい一言が書き添えられていました。

「いよいよ来月、第一子を出産する予定です。

いまは不安もありますが、いろんな意味で幸せです。

あのとき、橋本さんのアドバイスを受けたことで私の人生は大きく変わりました。

橋本さん、これからもどうかお元気で、ますますのご活躍をお祈りしています」

それから3日後、その年の来客第1号となったある女性会員さんに、このA実さんのおめでたいエピソードをお話ししたところ、彼女はたいへん共感しながら、また別のいい話を教えてくれました。

オバマ前アメリカ大統領が、ミシェル夫人の誕生日に述べたお祝いの言葉だそうです。

「あなたは私の妻であり、子どもたちの母であると同時に、親友です。

あなたのその強さ、気品、決断力を心から愛しています」

これこそ「人を好きになる能力」をもった人の言葉であると、鳥肌が立ちました。

返信がないのは気持ちがないから？

「橋本さん、私、Nさんとの交際、これ以上続けるかどうか迷っているんです」

先月のある晩、面談に来られたJ子さん（32歳）は、第一声、私にこう言いました。

「えっ？　どうして？　この前までいい感じだったんじゃないの？　何か彼がイヤになるようなことがあったの？」

「……いえ、特に何かがあったというわけではないんですけど、あの人、私に対してさほど関心がないんじゃないかって……」

「あなたがそう思ってしまうようなことがあったの？」

●――忙しいのはわかっていても、理解できない

「う～ん、たとえば私が、日中に彼にメールをするじゃないですか……。でも、その返事が来るのは、早くてもその日の夜11時くらいだったり、ひどいときには2日くらい平気で

何の音沙汰もなかったり……。

今月だって、営業部のキャンペーンがあるからって、土日もほとんど仕事に出ているみたいで、まだ1回しか会えてないんですよ。忙しいのはわかるけど、どう考えても、私のことを気にかけているとは思えないし……」

J子さんだけではなく、おつき合いしている方がいる女性会員さんから、頻繁に聞かされる、お相手の男性に対する愚痴です。

J子さんに限らず、この件に関して、女性が声を大にして言いたいことはこうです。

「仕事が忙しいのはわかる。でも1日24時間のあいだで、メール一つ返せないような切羽詰まった状況なんてそんなにあるの？

トイレに立ったついでとか、駅のホームで電車を待っている数分とか、昼食のあととか、いくらでもあるはずでしょ。

それにもかかわらず、返信の一つも寄越さないなんて、それって、もう私には興味がないってことじゃないですか？」

そう思う女性の気持ちはよくわかります。

けれども、そもそも女性が望む反応を男性に期待するのは間違いです。

と言うと、女性のほとんどはさらに反発を強めるでしょう。

「えっ！　なんで？　メールでも電話でも、誰かからのメッセージがあったら、それに対応することは人としてのマナーじゃないんですか？　おつき合い以前に、それができないなんておかしいんじゃない⁉」

たしかにそうです。その通りなのですが、私は仕事上、この件に関する男性の言い分も聞いていますので、まずは彼らの多くが、どうしてそうできないかの理由を説明させてください。

●──コミュニケーションの目的が男女では違う

多くの女性には理解しがたいことだと思いますが、ほとんどの男性は、出勤時間から、夜帰宅するまで、一日の大半の時間は仕事のことを考えています。

もちろん働く女性も同じですが、男性との大きな違いは、男性はいったん仕事モードに入ると、それを途中で切ったり、また入れ直したりということが、女性に比べて苦手だということです。

女性は仕事中のちょっとした合間に、心に湧いた彼への気持ちや思いを瞬時に伝え、またすぐに仕事モードに戻れますが、男性はそうはいかないのです。

そもそも男と女ではコミュニケーションの目的が違います。

女性のそれは自分の気持ちを伝えることにあり、男性のそれは意味や目的が明確な情報を伝達することです。

「トイレに行くついでなら隙間はあるでしょう？」と言いますが、その間ですら、男性は頭の中で午後の商談での営業トークをシミュレーションしていたり、夕方の会議で上司から来るであろう、問い詰めに対し、どう答えるかをイメージしていたり、思考は仕事で支配されています。

そんなタイミングで女性からメールが来て、そのときの気持ちや、いま何をしているかなどを伝えられても、男性の多くは、どう言葉を返していいかわからないのです。

男性にとってのコミュニケーションは情報を伝えることですから、誠実な人ほど、いい加減な情報をメールで送ることを嫌います。

女性の気持ちもわかりますが、男性がメールを返さないのは、このような背景があるからということを知っておく必要があると、私は思います。

自分の常識を押しつけていない？

このJ子さんのように、私が女性会員の方々から受ける、おつき合い中の男性に関する相談は、コミュニケーションについての問題がほとんどです。

私はJ子さんに代表される、女性の気持ちには共感をします。

けれども、特にこの件に関しては、その相談が終わるまでには、女性のほうに譲歩をしてもらうよう促《うなが》すことになります。

●──女性は構い、構われる関係を望んでいる

男性と女性、双方にわかってほしいのは、先ほどお話ししたように、メールのやりとりという一場面にしても、男女それぞれがそこで感じている現実には大きな違いがあるということです。

男性には理解しにくいことだと思いますが、女性には自分が大切に思っている人に対し

て〝構いたい〟という欲求があります。

この場面でいうと、メールを送ることで交際中の男性を構っているのです。

そして、女性は自分が構ったぶん、相手にも自分を構ってくれること、ここではメールを返してくれることを望みます。

このお互いに「構い合う」という行為を通して、女性は相手との関係をより良いものにしようとします。

そして、それと同時に、将来の伴侶として人生をともにできるほどの関係になれる相手かどうかを探っているのです。

ちなみに女性のこの「構いたい」という欲求は本能に近いもので、なぜこれがあるのかは、将来の子育てに役立つからだそうです。つまり、これは母性本能の一部であるとも考えられます。

先ほど、メールを返せない男性の事情をお話ししましたが、逆に、女性がメールを送る行為の裏側には、「あなたといい関係をつくりたい」というメッセージが含まれています。

だからこそ、そのメールに反応しなかったとき、その気持ちをないがしろにされたと受け取り、彼女たちはすねたり怒ったりするのです。その心理を男性にはわかっておいてほしいと思います。

●――せっかくのご縁を消してしまわないために

ここまでは一応、女性の気持ちや男性の思考を理解していることを前提に説明してきましたが、それでもあえて、J子さんをはじめとする婚活中の女性に、一言忠告させていただきます。

男性はあなたの「女友だち」のようにはなれません。

普段、女性のお友だちと交わすような会話やコミュニケーションは、男性にはできないのだということを知っておかなければならないのです。

それを抜きに「構い、構われる」ことを男性に望みすぎると、彼らはそれをたいへん負担に感じます。

特に仕事に集中したいタイミングでのメールは、男性の気持ちをそぎます。

婚活中の女性にとって「仕事の邪魔をする女」という印象を男性に与えてしまうほど、大きなマイナスはありません。

男性と女性がすれ違ってしまう原因は、次の一点に集約されているのではないと私は考えています。

それは、お互いが同じ人間なのだから、あらゆる事象に対して、自分と同じ考えや感じ方を相手もするのが当然である、それが常識であると、何の疑いもなく思い込んでいるところにあります。

メールのやりとりなどという、きわめて日常的な現実を前にしても、男と女ではまったく違う捉《とら》え方をし、ときにはそれがもとで相手に対する不信感を大きくすることからせっかくのご縁も消えてなくなるのです。

ただし、ここまでお話ししてきた女性心理には当然、個人差があります。

前の章でも取り上げた、男性以上に男前な「デキる女性」の内面や精神性は、男性的要素が強かったりします。ですから、それに近い方にとっては、「ピンと来ない」ということもあるでしょう。男性だから、女性だからというより、男性性が強い、女性性が強い、というふうに解釈していただいたほうがいいかもしれません。

男性は相手のどこを見てる？

ある日曜日の朝、お見合いの立ち会いに向かう途中、携帯が鳴りました。電話の主は、入会されてからまもなく3年目を迎える男性会員のWさん（39歳）でした。

●――男性が結婚相手に求めていること

「橋本さん、昨日、S子さんと食事に行ったんです。それで、帰り際に思い切ってプロポーズしましたところ、OKの返事をもらいました」

その言葉に、私は思わず右手の拳を握りしめました。

「おめでとう、Wさん！　よかったねぇー」

「はい、ありがとうございます！」

一流私大卒、大手電機メーカーの財務部門で管理職を務めるWさん。有能で見た目も本当に爽やかなイケメンの彼ですから、いままでも相当モテたはずです。

本当は結婚相談所などに頼らなくても、いい人はまわりに何人もいたと思われるのですが、そこは彼なりの考えがあったのでしょう。

実際にこの丸2年、Wさんにお見合いの申し込みがなかった週はほとんどありませんでした。これまで4人の女性とおつき合いをし、その全員が彼との結婚を望まれましたが、その中に「縁の人」はいませんでした。

「これまであなたは何人かの方とおつき合いされてきたけど、S子さんに決めたのは、彼女のどういうところに惹《ひ》かれたからなの？」

「そうですね、いろいろありますけど、彼女は僕にとって本当にラクな人なんですよ」

「ラクな人……なるほど、そこかぁ！」

女性は男性から「君はラクな人だ」なんて言われ方をしたら、自分のことを軽んじられているようで、ショックを受けるかもしれません。

しかし、男性が「ラクな人」と言うときには、その女性に対して、すごく大きな信頼を寄せていることの証明なのです。

●――彼にとっての手放せない女になる

「ラクな人」は、仕事をはじめ、いろんな意味で自分の邪魔をしない女性です。

男性は、早ければ10歳くらいから、男である自分には将来、家族を養う責務があることを意識するようになるといわれます。やがて10代半ばから20代前半にかけて、自分の価値は、仕事とそれによる経済力で計られることを自覚するようになります。

たとえば女性が、父親に「結婚したい人がいる」と告げたとします。父親はおそらく次のように訊《き》くでしょう。

「いくつの男だ？　いまは何をしている？」と。

それはつまり、

「その男は年相応に稼げているのか？」

「将来もお前に苦労させることなく養っていけるのか？　その能力があるのか？」

ということを問うているわけです。

男性のほうも、あらゆるところで自分が値踏みされていることを意識しています。

実際にその人個人の仕事への意欲や能力が高いか否かは別にして、男性にとっての優先事項はやはり仕事になるのです。

職場でのつき合いも取引先との接待も、すべて仕事を円滑《えんかつ》に進めるためのもので、ひいてはそれによって家族を養う力が高められるのです。

自分よりも、そのような時間や機会を優先する男性に「構ってくれない」と、女性にすねられたりすると男性は困惑します。そして将来も見据えて、「面倒な人だ」と、その女性への評価を下げ、「彼女との縁はない」という結論を出します。

男性にとって「ラクな人」というのは、「私のことはいいから、いまはあなたが優先すべきことをしてください」と笑って言ってくれる女性です。

男性はその言葉に救われ、また満たされます。

「こんなにわかってくれる女性が自分にはいるのだ」と。

相手に対する感謝と申し訳なさの気持ちが湧いて、それが「男気」に火をつけます。

「こんなに自分を大事にしてくれる彼女を幸せにしたい」と。

「ラクな人」とは、男性をそのような気持ちにさせた女性のことを言うのです。

第4章

モテ運を引き寄せる婚活の作法

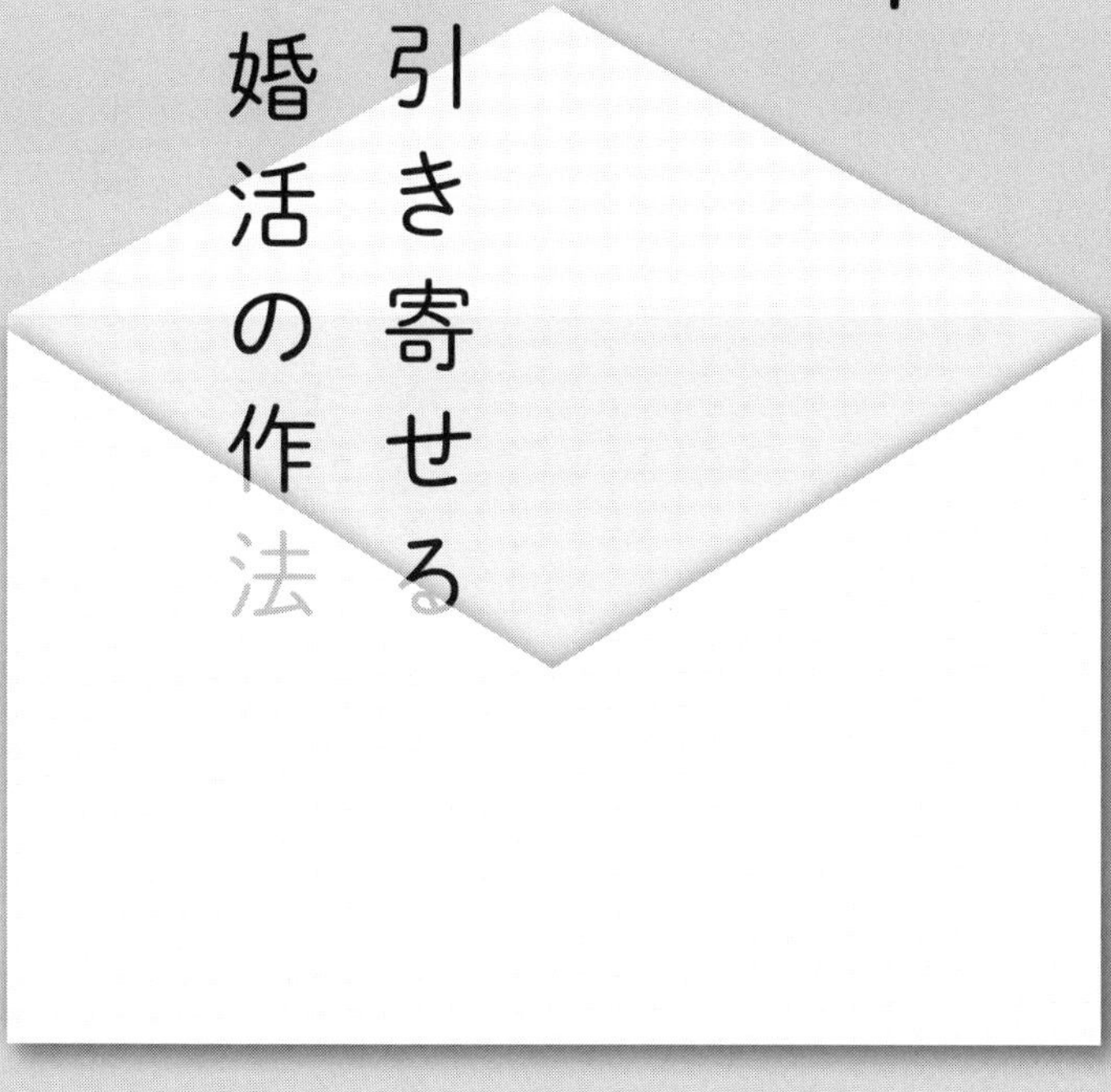

結論を出すのが早すぎる？

ある春の日の週末、その日、最後となったお見合いの立ち合いをすませ、遅い昼食をとろうと、行きつけのお店に向かっていると、携帯が鳴りました。画面を見ると、まだお見合い中であろうはずのR子さんからの電話でした。

●——第一印象だけで判断しない

「えっ、R子さん、ひょっとしてもう終わったの？」

「はい。いま、お別れしました。席についてから5分くらいで、この人とはないなって思ったんで、切りのいいところで失礼しました」

「まだ30分しかたってないのに、お相手の方もそれでよかったの？」

「さあ？　でも、もう話すこともないと思ったので……。今回はお断りということでお願いします」

R子さんはいつもこれです。お相手の第一印象でダメと思ったら、あからさまに興味なしという態度で、早々とお見合いを切り上げる。それで過去にも2回、男性側の相談所からクレームを受けたことがあります。

彼女のようにお見合いの相手が、好みの人ではなかったりすると、その残念な自分の感情を態度に表す人がいます。

「どうせ、もう会うことはないのだから」と思っているのでしょうか。お相手の気分を損《そこ》ねるような振る舞いを平気でするのです。

こうした態度を改めてもらおうと諭《さと》してみても、聞く耳をもたない。自分の非を認めることなど、「負け」であるかのように考えているようです。当然、このような残念な婚活をしているとご縁には恵まれません。

●——ご縁のない人にも良い印象を残す気遣い

言うまでもないことですが、自分が「この人だ！」と思った人から自分も選んでもらわないと、ご縁は始まりません。

自分がどのように接すれば「相手は気分をよくしてくれるか？」を考え、コミュニケーションをすることは、婚活に限らず、仕事でもプライベートにおいても、人と良い人間関係をつくるための基本です。

スポーツの世界で、「練習は嘘をつかない」といわれるように、こうした、社会人としての基本が日頃からできていないと、その人にとって「いい方」との出会いがあっても、どこかでほころびが出て、お相手からは「お断り」されるのです。

その中には、「もう一度、あの人に会えるようお願いしてくれませんか」と泣きついて来られる方もいますが、ほとんどが「時すでに遅し」で、私から交渉を試みても「お断り」の返事を覆《くつがえ》せたことは、ほとんどありません。

振り返ってみても、これまで長い年月をかけて、1200組を超えるご縁をまとめてきましたが、成婚に至ったほとんどの方は、このような基本を外さない人たちでした。

お見合いでは、いろんなことがあります。

実際に会ってみたら「自分には合わない人」ということも、ままあります。

それでもお相手の方には、「縁はなかったけどいい人だった」という印象を与えてお別れできるように、お見合いの1時間、自分の気持ちや態度をコントロールすることに徹する。

自分は「お断り」であっても、常にお相手からは「交際希望」の返事をとる。いわば「お見合い上手な人」になることで結婚の可能性は大きく広がってきます。

こうした原則を会員さんたちと常に共有したい、自分に言い聞かせておきたいという意味で、私自身の仕事の目的を明確な言葉にして一枚の紙にしたため、応接室に貼っています。

「あなたが選んだ人から〝選ばれるあなたになる〟

そのためのお手伝いも私の仕事です」

第一印象は変えられる？

自分が選んだ人から、自分も選ばれて初めて、「ご縁」が動きだす。それが原則であるとするなら、「選ばれる」ために最も大切なことは、初対面の際の第一印象をよくすること。

これに尽きます。

感じのいい人に思われるコツ

心理学の定説によると、「第一印象の善し悪しは、初対面から2分くらいの時間で決まって、その後はもうほとんど変わらない」のだそうです。つまり、第一印象を変えることは人にとって難しいことであると。

相手から見て「感じのいい人だ」と思ってもらえれば、そのイメージをしばらくもち続けてくれますし、逆もまた同じで、それを覆すのは難しいということです。

私の相談所の会員の皆さんは、8割が30歳代前半から40歳代半ばの方々で占められています。

男女ともに40歳近くになるとエイジングによるお肌や頭髪などの変化が徐々に始まります。会員さんの中には、この自然現象に対し、まったく抵抗しない人がいらっしゃいます。

自然に任せていては、ご本人の婚活は不利になってきますので、言葉を選びながら、ケアの必要性を説いても、

「私、そういうのって苦手。これも私ですから。こんな〝ありのままの私を好きになってくれる人〟が、私はいいんです」

という人もいます。

その「ありのままの私」を好きという人が、この「お見合いの場」ではなかなか現れてくれないから言っているのですが、その意味は伝わらないようです。

またある男性は同じ提案に対し、

「男は見てくれじゃなく中身ですよ！

僕は中身で勝負しますから、心配ご無用～ワァハッハッ！」

と明るく一蹴《いっしゅう》してくれました。

残念なことに、世の中は「見た目至上主義」に限りなく傾いています。

たとえば、客足が絶えないカフェや居酒屋の店員さんに、見た目がイマイチな人はほとんど見ませんし、男性向けの美容分野は成長していると聞きます。

とは言っても、なにも特別なことを求めているわけではないのです。

失点を防ぐというか、第一印象から「えっ？　この人……」って相手に思われない程度の身だしなみは保ってほしいのです。

お見合いなのに、お化粧もしていない女性や、よれよれのスラックスに寝ぐせ頭で来る男性がいます。

お相手の方は「今日が運命の日かもしれない」という期待をいだき、指定の場所に来るのです。

だとしたら、それはやっぱりお相手に失礼です。インパクトを優先したので極端な例を示しましたが、婚活中なのに、「見た目」に対して意識が薄い方は少なからずいらっしゃいます。もちろん、「そういうことが昔から苦手」というのもわかります。

そんな自信がもてない方に私がおすすめするのは、プロの写真家に「いい写真」を一枚撮ってもらうことです。

●――いい写真を撮ると自分に自信がつく

もちろん修正された疑わしい写真ではダメ。

ここでいう「いい写真」とは、本来もっている「その人自身」という素材、その魅力が2割増しくらいで引き出されている、そんな写真です。

私の仕事仲間に腕のいいフォトグラファーがいて、その彼はメイクも上手で、被写体の魅力をまさしく2割増しで引き出すことができる人です。

撮ってもらった本人はその写真によって、「いままでの私も私だけど、この写真の私も、まぎれもなく私なのだ」と、もう一人の自分と出会います。

この瞬間、「結婚できる自分になれた」という自信が芽生えます。

着る洋服も変わり、髪型も少し変えたりして、見るからに上品になります。表情も明るくなり、話す内容も言葉も肯定的になります。

こうして得た自信が本人の考え方、行動、態度、見た目などあらゆるものを変え、その流れと勢いからか、それ以降、きわめて短期間のあいだに成婚する方がこれまで何人もいました。

まさに一枚の写真が起こす「マジック」というのでしょうか。これはあなどれません。

二人の距離が縮まらない？

お見合いから、一応はおつき合いに進むことになったところまではよかったものの、その後、お互いの都合がつかず、次に会う機会がつくれない。

そして、ようやく最初のデートにこぎ着けることができても、あいだが空きすぎたこともあって、会話もかみ合わなかったりするなど、二人の距離が縮まらない。

このような関係が「縁が薄い」というのでしょうか。

●――二人の距離が近づきすぎると冷めるのも速い

おつき合いを続ける理由も、終わる理由もお互いが見つけられないまま、どっちつかずの状態になってしまうことがあります。

よほど劇的なことが起こらない限り、こうしたところから二人が接近することはありません。

そうして、まもなく、どちらかの仲人から、交際終了の申し出が来ます。

その一方で、お見合い当日から意気投合し、その後2回ほどのデートで、恋愛関係に発展するカップルもいます。

デートをした翌日であろうものなら、どこにデートに行って、何をしたか。またそのときのお互いの気持ちの高ぶりなど、詳細をメールで報告してくれたりします。

もちろん私たち仲人としても、会員さんが幸せな気持ちで日々を過ごしてくれていることは、本当に嬉しくなります。

しかし、こうした短期間で火がついたカップルほど、そのあいだを取りもつ私としては、その舵《かじ》取りに気をつかいます。

二人がこの恋に酔いしれるがあまり、何か些細《ささい》なすれ違いが起こったことをきっかけに急速に関係が冷えていくことがあるからです。

熱愛カップルは、いま、現在進行形の恋にしばらくは夢中になります。

そして、特に男性のほうは本来の目的である「結婚すること」に対する意識が薄れます。

この状態をしばらく楽しんでいたいからです。

かたや女性のほうは、絶対にこの関係を成就させたい、そして、早く保証が欲しいという気持ちが日を追うごとに高まります。

●――穏やかな信頼関係が結ばれていくとき

こうした熱愛カップルが破局するときに見られるパターンは、もう少しこの楽しい時間を過ごしていたい男性に対し、一日でも早く結婚の約束を取りつけ安心したい女性が結論を急がせることから、お互いの認識の差を知り、そこに軽い失望を感じることから、二人の関係にほころびが出はじめるのです。

そして、もう一つ。

人は四六時中、相手のことが頭から離れないほど、燃える恋をしているとき、脳内からドーパミンというホルモンが大量に分泌されるのだそうです。

これの何が問題かというと、あまり長くこの状態が続いてしまうと、身体に負担がかかり、疲れてきます。

時間とともに気持ちが冷めていくのは、大恋愛している最中の高揚感が、体力を消耗させた結果なのです。

このように、お見合いから熱い恋愛に発展したカップルに対して私は、「鉄は熱いうちに打て」との言葉通り、できるだけ早くご縁をまとめるように働きかけてきました。

そうするのも、人のこのような身体的な特徴があるからなのです。

では燃えるような恋のあと、それが静かに冷めていく段階があり、その次はどうなっていくのか？

実に気になるところですが、その先には「愛着」という、これから長くつき合っていくための、穏やかな信頼に基づく情というものが二人の中に湧いてくるのだそうです。

そうして落ち着いた男女は、夫婦という関係を維持しながら、長い人生をともに生きていけるようになるのでしょう。

二人の関係は、それが遠すぎたら縁にはなりませんが、近すぎてもいろいろとリスクがついてまわるので注意が必要、ということを覚えておいてください。

相性のいい悪いはどこで決まる？

婚活の過程では、お見合いがうまく組めなかったり、お見合いができてもおつき合いに進むまでには至らなかったり、停滞状態からなかなか抜け出せないことがあります。

そうした原因の多くは、会員さんそれぞれの、お相手に対する希望条件を満たしている方とのマッチングができないからです。

成果が出ないなら方向性を変える

「最も愚かなことは、同じことを繰り返して、違う結果を求めることだ」

これは、かのアインシュタインの言葉だそうです。

会員さんの活動に成果が出ていないのであれば、方向性を変えるなり何らかの違う提案をしなければならないと、この言葉を知ったとき大いに反省させられました。

最初にその提案をしたのは、E子さん（当時：34歳）でした。

「うまくいっていないなら、これまでお見合いの相手に選ばなかったタイプの人と、あえて会ってみるのはどう？」

地方銀行に勤めるE子さんは明るい性格で、自他ともに認めるイケメン好き。年収などの条件より見た目重視のお相手選びを続けていましたが、「ご縁」がある方とはめぐり合えていませんでした。

私は彼女にある男性会員さんの写真を見せながら言いました。

「あなたはきっと戸惑うだろうけど、私のひらめきで、この人が合いそうと思ったんだけど、どうかしら？」

お相手の男性は大手運輸会社で管理職を勤めるGさん（当時：38歳）。額がやや後退しかけているのもご愛嬌の彼。貫禄があって、私はとても魅力的な男性だと思っていました。

「この人ですか？」

と予想通り、写真を見た瞬間は戸惑いを隠せない様子でしたが、「橋本さんの見立てに賭けてみます！」と快諾してくれました。

そして当日、二人は会って10分もたたないうちに意気投合し、夜まで楽しい時間を過ごしました。

E子さんは別れ際、「Gさん、ぜひ私とつき合って！」と握手し、交際が始まりました。

あとはトントン拍子。1か月後、めでたく成婚となりました。

●――好みのタイプがベストパートナーになるとは限らない

もう一つ印象深い会員さんの話をします。

中堅化学メーカーで研究職についているSさん（40歳）は、やや偏《かたよ》ったお相手選びを続けていました。彼は年齢に関係なくキャリアウーマン風の女性としかお見合いをしようとしないのです。

学生時代からずっと理系の環境にいた彼は、日頃は接することがない女性像に憧れがあったのでしょう。

「あなたのタイプではないと思うけど、ぜひ会わせたい女性がいます」

私は彼に保育士をしているU子さん（33歳）を紹介しました。

おっとりした雰囲気の彼女は保育士らしく、いろんなところに目が届く母性の強い人で、ある意味キャリアウーマンのイメージとは対局にいるようなタイプの女性です。

私が二人を引き合わせようとした理由は、彼女がSさんのような専門家タイプの男性を好きになるのではと思ったからです。

狙い通り、U子さんはSさんに心を奪われました。Sさんもまた、常に献身的に接してくれるU子さんを好きになっていきました。そして、お見合いから3か月後、二人はめでたく婚約されました。

このお二方の例はけっして特別な話ではありません。

むしろ私の経験から言えることは、会員さんが入会当初、口にしていた「好みのタイプ」通りのお相手と結婚されることはほとんどないのです。

相談所などを利用し、婚活を始める人は皆、最初は結婚可能な条件を備えた「恋人」が見つかることを期待します。

しかし、実際に結婚する人は恋人ではなく「縁のある人」なのです。

そして、縁のある人の多くは、自分が理想とするタイプ以外の人なのです。

もしも、いま婚活中で、なかなかそれらしき方と出会えていないのであれば、ぜひ、自分のタイプではない人ともあえてお見合いしてみることを考えてみてください。

共通点ナシでもうまくいく？

3日前に新婚旅行から帰ってきたばかりというR恵さん（34歳）が、事務所を訪ねてくれました。旅行先はバリ島で、現地ではお土産の定番とされる人気のココナッツオイルを私のために買ってきてくれました。

新婚旅行で合わない点が続出しても

終始「おのろけ話」を聞かされることを覚悟して、彼女をお迎えしたのですが、R恵さんの口から出てくるのは、7日間の旅行中、事あるごとにかみ合わなかったというご主人への愚痴がほとんどでした。

「あの人、エアコンの温度を17度まで下げるんですよ。私なんか27度でも寒いのに。部屋の中でもずっとカーディガンを羽織ってないと風邪をひきそうでした」

「彼ったら、私に何の相談もなく自分で勝手にスケジュールを組んでいるんです。

明日の午前中はどこに行って、昼間はどことどこの2か所をまわって、夕食はどこで何を食べるって。私はもっとゆったりその場所ごとの雰囲気を味わいたいのに、〝時間がもったいないから早くして〟って、いつも急かされて。もう全然落ち着かなかったんです」

「お土産を決めるのも同じ課の人たちには、それぞれ違うものを買ったりして。部長さんとか、直属の課長さんとかだけ、ちょっと特別にしてあとは同等のものでいいのに、一人ひとり、いちいちこだわるんです。それこそ時間の無駄遣いですよ！」

という具合に……。

R恵さんはそう言いながらも、自虐ネタで私を笑わせようという意図を感じていたので、私は機嫌よく適当に合いの手を入れていました。

「橋本さん、こんなに合わないことが多い私たちって、これから大丈夫でしょうか？」

●――なぜか惹かれ合った運命を信じて

多くの新婚カップルにとって、お互いが知らなかった相手の習性をまざまざと見せられる「新婚旅行」とは、夢から覚めていく第一歩でもあるのでしょうか？

本書では男と女は、まったく違う生き物であるということをあちらこちらで述べていますが、彼女の土産話からも、その「違い」が随所に見られます。

彼女のご主人に限らず、男性は先が見えないことを嫌う傾向があるので、旅行などレジャーに対しても事前に計画したり目標を設定したりします。

かたや女性は、成り行き任せというか、いま目の前のことを楽しみたいという気持ちが強い。男性の目標設定型に対して展開型というのでしょうか、事前に決めたことに必ずしも頓着しません。特に旅行や買い物などはその違いが際立ち、それがお互いに対するイライラの種になったりします。

とはいえ、R恵さんの話を聞いている限り、この二人は相性がいい夫婦なのかもしれません。

私もそうでしたが、そもそもほとんどの夫婦は片方が寒がりで片方は暑がりといわれています。その他の話にしてもこの二人は感じ方や価値観が逆のことが多い。

こういう男女がなぜか惹かれ合い、夫婦になるわけですが、それは、脳科学者などの専門家の見解によると、遺伝子のタイプやら体質などが違う者同士がカップルになったほうがいいのだそうです。

たとえば自然災害など生命の危機に直面したとき、どちらかが生き残りやすいからというような理由です。

人間も含め、すべての生物はその種を後世に残すことを使命としています。

それをもとに考えれば、夫婦になる男女は、お互いの気持ちが通じ合える相手という心理的な相性によって結ばれているのではなく、生き延びて子孫を残すという、生物的な目的のほうを優先された結びつきによって夫婦になっているのです。

二人の体質も、考えも、価値観も、合わないことが多いからこそ、その人と夫婦になる運命にあったのだと納得するのが、大人の賢明な解釈だということでしょう。

相手の家族を受け入れられない？

残念ながら私は経験できませんでしたが、結婚するうえで、お相手の家族といい関係を築けたとき、結婚生活の幸福度は大きく上がります。どういうことかを実例をあげて説明します。

●——家族になれることに感謝する

昨年の秋、ある晴れた日のことです。

一枚の喪中はがきが事務所に届きました。

送り主は25年前、いまの事務所に移転したとき内装をお願いしたリフォーム会社の社長、M本さんのご家族。

M本さんは毎年、年賀状に「今年こそ一度食事をしましょう」と書いてくれていましたが、実現しないまま旅立たれたのが、実に残念でした。

あのとき、工事が終わるとすぐ、彼は「娘を任せたい」と長女のY子さん（当時：27歳）を事務所に連れてきました。

昔で言う「箱入り娘」のY子さんは、まだ少し幼さが残っていて、性格もすれていないところがとても可愛い女性でした。

その1か月後、Y子さんに合いそうな男性が入会しました。

Eさん（当時：30歳）、職業は機械設計の技術者。いかにも理系男子らしく口数は少ないけれど、実直な態度に好感がもてる青年でした。

お互い初めてのお見合いの席、テーブルのコーヒーカップがかすかに音を立てるほど二人は緊張していました。

ところが、初デートから二人は打ち解け、その日の夕方前にY子さんはEさんを自宅に招きました。

娘が初めて男性を家に連れてきたことに、M本さん一家は大興奮。その日、Eさんは、M本家に泊まることになるほどの歓待を受けました。

そのとき、彼は思いました。

「こんなに温かい人たちと、家族になれたらどんなに幸せだろう」と。

そして、早くも10日後、EさんはY子さんにプロポーズし、その足で彼女のご両親に結婚の了承を得るためにM本家に向かいました。

M本さんは半年の月日をかけ、自宅を2世帯住宅にすべく建て増しをし、Eさんを迎えました。

そのときから二十数年、3女1男の孫4人に囲まれ、M本さんは本当に幸せな余生を過ごしました。

「E君がウチに来てくれて、たくさんいい思いをさせてもらった」

それがM本さんの口ぐせだったそうです。

●――結婚によって生まれる新しい出会い

もう一人紹介したい「幸福な人」がいます。

U菜さん（30歳）。あくまで個人の感想ですが、私がいままで関わった女性会員の中で、彼女が一番素敵だったと、いまでも思っています。

ルックスもスタイルも女優さんレベルで、性格も素直で明るい。同性の私でも、ファンになるほどの彼女には、当然お見合いの申し込みが絶えません。その中には、超大手企業に勤めるエリート社員から医師や弁護士など、世間的には「高条件」と見られる男性も多く含まれていました。

こうしてU菜さんは3か月間で20名の方とお見合いしましたが、彼女にとって本当に結婚を意識しておつき合いできそうな人には出会えていませんでした。

そんな中、1か月前に彼女が交際を断ったOさん（35歳）が、「もう一度、U菜さんとおつき合いができないか」と所属する相談所を通じて、交際を申し出てきました。

「そこまであなたのことを想っているOさんという人間を、もう一度よく見てみたら」

と私は彼女に提案し、二人は再びおつき合いすることになりました。

Oさんは関西の大手私鉄に勤務する運転士さん。彼女がお見合いをしてきた高条件の方々と比べれば平凡です。しかし、U菜さんはしだいに彼の誠実さに惹かれ、4か月後、彼との結婚を決意しました。

二人が事務所に来てくれたとき、U菜さんは言いました。

「あのとき、橋本さんが彼との交際をすすめてくれていなければ、いま、この瞬間はありません。一人の男性からこんなに大事にされて結婚できる私は本当に幸せ者です」と。

その言葉にOさんは思わず男泣きをしました。

しかし、嬉し涙を流したのは彼だけではなかったようです。Oさんのご両親も、U菜さんを家族に迎え入れることができたことを「人生最高の出来事」と、心底喜んでくれたそうです。

彼女は「いまでは実の母よりもお義母さんのほうが好きかも」と自分で言うほど、いい関係ができているようです。

先日届いた彼女からのメールにも、「彼との結婚は幸福度100%。義父、義母とともに暮らしていることを加えれば幸福度は200%です」と書かれていました。

第5章

残念な結末にしない婚活予防線

こんな相手なら別れたほうがいい？

1年前、入会を検討されている女性Iさん（37歳）が、初めて面談に来られました。彼女はお出しした緑茶に目をくれることもなく、ご自身の身の上を語りだしました。

つき合っているのに結婚に踏み切れない人

「じつは私、5年もつき合っている彼氏がいるんですが、彼はまだ結婚する気はないみたいで、そういう話になると機嫌が悪くなるんです。私も37歳になりましたし、もういい加減、決心しないと手遅れになると思って……」

これも時代性なのでしょうか？　できるなら、結婚など面倒なことは避け、恋愛関係だけを続けていたい男性が、年を追うごとに増え続けているように感じます。

このIさんと同じような事情で、私のところに相談に来られる女性は、毎月必ず何名かはいらっしゃいます。

彼女の場合は、自然に出会って恋愛に発展したお相手が、たまたまそうだったわけですが、それこそ、私たち相談所を通してお見合いをし、結婚を視野に入れた交際を1年以上しているにもかかわらず、何の意思表示もしようとしない男性がいます。

結婚することが目的で入会したはずなのに、実際に女性とおつき合いすることになると、結婚よりも恋愛しているほうが楽しいのか、肝心なことを先延ばしにするのです。

女性は時間が限られています。将来の出産のことを考えれば、結婚への切迫感は男性のそれとはまったく違います。

そんな事情をわかっているのか、いないのか、いつまでも答えを出さない男性に、私はしばしば言いようのない怒りを感じることがあります。

女性としては、もう少し待ち続けたほうがいいのか？　それとも、自分との結婚に対する男性の本心を確かめたほうがいいのか？　迷うのは当然のことです。

このような相談があった場合、私はそのほとんどにおいて、「見切りをつけることも想定のうえで、相手の正直な気持ちを聞くこと」と答えます。

悪縁を絶つと良縁が舞い込む

こう言うと、女性の多くは不安になります。そのお相手とのおつき合いが終わるかもしれないことへの不安も当然ありますが、それよりも大きいのは、「この縁を手放して、果たして次はあるのだろうか?」という不安です。

けれども、多くの場合、それは杞憂《きゆう》に終わります。

仮に、そのおつき合いが終わったとしましょう。でも、これは本当に不思議なことなのですが、1~2か月で「新しい縁が来る」ということが多いのです。

そして、この新しいご縁こそが本物のご縁で、お見合いから実にスムーズにお話が進み、成婚にまでたどり着くのです。

どうしてそうなるかについて科学的な根拠などありません。ただ、あまりにも高い確率で起こるので、私も確信がもてるようになり、いまでは迷うことなく、悩める彼女たちに「思い切って決断を迫る」ことをすすめています。

このような現象が起こる理由は、少し神がかったお話になりますが、おそらく次のようなことではないかと私は思っています。

どんなお相手であろうと、お互いが結婚を意識するような人との出会いがあったということは、その人のもとに「ご縁」の運気が来ている、といってよいのです。

たとえ相手が変わっても、依然として運気は変わらず結婚に向かっています。だから、一度手放しても、次の「ご縁」がやって来ます。

しかも、前のお相手より、もっとその人にふさわしいお相手を連れてくるのです。「ご縁」は必ずしも、自分が望むタイミングでやって来てくれるとは限りませんが、いったん来てくれたご縁は、そうあっさりと去ってはいかないものです。ちなみにIさんは、面談当日から数え、100日を待たずして、5歳年上の税理士さんと結婚されました。

女性からプロポーズしてもいい？

結婚に踏み切れないお相手に「お別れになることも想定のうえで、相手の正直な気持ちを聞くこと」の効果としてもう一つのパターンがあります。

というのは、このようにして、女性の側が覚悟を示すと、男性はあっさりと結婚の意思を示し、そのまま成婚に至るというものです。

そもそものお話、男性が自分と結婚したいのか、そうでないのかの意思表示をしていないだけのことですから、この段階で「結婚する」可能性は充分に残されています。

●──女性が覚悟すれば男性は落ちる

女性が本気で、その相手の男性と結婚する気があるなら、ここで自分のほうからプロポーズするくらいの気持ちで、結婚する意思があるかどうかを迫ると、男性は本当にあっけないほど簡単に「落ち」ます。

なぜ、そうなるのでしょうか？

これには二つの理由があると私は考えています。それも、先ほどのような運気とか目に見えない話ではなく、男性心理の特徴から見えるものです。

一つ目は、男性には女性に対する特有の「独占欲」があるということです。

この「男の独占欲」という言葉には私も思い当たる節があります。

私は20歳のときに夫と職場恋愛し、それから3年後、結婚という話になりました。

しかし運悪く、私はリュウマチを患《わずら》い入院を余儀なくされました。当時、リュウマチは治療法が確立されていない病気でしたので、義母が「病人を長男の嫁に迎えるわけにはいかない」と猛反対したことで、私たちは別れることになりました。

それから半年後に職場復帰した私は、意地もあり、入院前にも増して懸命に仕事に取り組みました。

そんなとき、夫と復縁するきっかけとなる出来事がありました。

夫の後輩が「橋本さんがきよみさんと結婚しないのなら、僕が彼女に告白してもいいですか?」と、夫に申し出たのです。

その彼の一言に夫は反応しました。

私と別れることは受け入れられても、他の男性に、しかも後輩に私を奪われることを彼の「独占欲」が許さなかったのでしょう。こうした経緯もあり、それから1年後、私たちは結婚しました。

同じように、女性から結論を迫られ、結婚した男性会員さんたちからも、これに近い話を聞きます。

「本当に彼女でいいのか」という不安よりも、このまま放っておいたら彼女が他の男にとられるという喪失感のほうがよほど大きい。だから結婚するほうを選んだのだと。

男性の独占欲とはそういう、ある種の性衝動に近いものなので、それを理性で抑え込むことは難しいのでしょう。

●好きになってくれた人を好きになる心理

そして、女性が自分のほうから迫ると、男性は本当にあっけないほど簡単に落ちる理由の二つ目には、男性は「自分を好きな女性を好きになる」という特性があるということがあげられます。

男性は常に、自分の価値がどれほどのものなのかという外の評価を意識しています。それだけ男性は「認められたい」欲求が強いのです。

女性が「自分と結婚したい」という意思を示してくれることは、この「認められたい」欲求を大いに満たしてくれます。

そして、「そんなに自分のことを思ってくれるのか。ならば、その気持ちに応えたい」という義侠心《ぎきょうしん》というのでしょうか？　ここでも3章で触れた「俺が守ってみせる」という男気にスイッチが入り、それから結婚に向かって現実が動いていくのです。

「結婚の決め手」がこんなことだったなんて、女性には嬉しくないことですが、これが「男性の真実」なのです。

もちろん、男性から「僕の妻になってほしい」と言われて結婚したい「女ごころ」を考えれば、女性にとっては酷《こく》な話です。

それを自分から催促するなんてプライドが許さない。

それはわかりますが、あえて言います。

女性が、結婚相手はこの人、という「OK」を出せれば、結婚できる確率は高いです。

多くの結婚は、「女性が主導権を握っている」ということを頭に入れておきましょう。

かけおちしても結婚したい?

私の事務所には四方それぞれの壁に元会員さんの結婚式や新婚旅行、子どもさんたちなどの写真が隙間なく貼られています。そのたたずまいに圧倒されてか、初めて来られたお客様は部屋に入られた途端、それればかりを見ているということがあります。

先日、それらの写真の整理をしていると印象深い一枚が出てきました。

●――どんな反対も押し切る情熱をもって

そこには、お母さんとおばあちゃんに挟まれた笑顔の男子中学生が写っています。約20年前の記憶が蘇ってきました。

私が主催したお見合いパーティーに参加したKさん（当時：34歳）とM美さん（当時：30歳）は初対面から意気投合し、おつき合いするようになりました。以降、5か月の交際を経て、KさんはM美さんにプロポーズをしました。

次の週末さっそく、KさんはM美さんのご両親に挨拶にうかがいましたが、そこで結婚の承諾を得ることはできませんでした。彼女のお母さんが、Kさんが大卒ではないという理由で、猛反対したのです。

Kさんは高校卒業後、建築の専門学校に進学。その後、中堅の設計事務所に就職し、当時は管理職として数名の部下を指導する立場にあり、充分に安定した収入を得ていました。

けれども、彼女のお母さんが思い描いていた娘の結婚相手は、できれば医師や法律家など高度な専門職につく人、もしくは最低でも一流大学出身で大手企業勤務のエリート社員だったのです。

その翌週、二人は悲壮な面持ちで私のところに相談に来られました。

いまから20年前ですから、私もまだ元気だったのでしょう。

二人を前に私は言いました。

「あなたたちが本気で結婚したいのなら、親が何を言おうと、かけおちするくらいの覚悟で押し切りなさい。いざとなったら私がご両親と喧嘩してあげるから」

M美さんは「かけおち」という言葉に動揺を隠せないようでした。

「大丈夫。どんなに反対した結婚でも、あなたたちが幸せそうにしていたら親は必ず喜んでくれる。ましてお孫さんでも生まれようものなら、反対したことなんかすっかり忘れるほどです」

けっして壊してはいけない縁を守る

それから数日後、M美さんはご両親とともに事務所にやってきました。

お母さんは席につくなり、強い口調で私に言いました。

「橋本さん、娘がたいへんお世話になっていることは親として感謝します。でもね、結婚相手は別ですよ。最低でも上場企業に勤めているような人でないと、ウチでは認めませんから」

「お母さん、それはどうしてですか？」

「どうしてって、それくらいの人でないと、苦労するのはこの子ですから！」

「お母さんのM美さんに対するお気持ちはよくわかります。

でも一つだけお伝えしたいことがあります。

私はこれまで500件を超える縁談をまとめてきました（当時）。でも裏側ではその何倍もの破談に立ち会いました。

なかでも不思議なことは、親が無理矢理に壊した縁談のあと、それ以降、子どもさんになかなか次のご縁が来ないまま、5年、10年があっというまにすぎてしまうということが本当によく起こるのです。

もちろん、そこに根拠はありません。ご縁には壊すべき悪縁もあります。でも、私の勘ですが、お二人の場合は、これは壊すべき縁ではないと強く感じています」

それからしばらくの沈黙があったあと、お父さんが重い口を開きました。

「わかりました。この話、いったん持ち帰らせてください」

M美さんからKさんとの結婚が承諾されたという連絡が入ったのは、それから1週間後のことでした。

いまから考えれば、私が彼女のご両親にしたことは、半ば脅迫です。

しかし、それくらいのことをしてでも自分の意思を貫くべきことが人生の中ではあります。特に女性の場合、「母親との（心理的な）決別」をなくして本当の自立は不可能です。

婚活には、ときとして、このような腹をくくる場面があることも想定しておいてください。

結婚は思い通りにはならない？

「橋本さん、正直言うと、私いままで、自分が目標としたことはすべて達成してきましたし、それが当たり前と思って生きてきました。だから、結婚だって必ず自分の思うようになると。でもこれだけは別物だったんですね……」

自分の努力が結果につながるとは限らない

国立の名門女子大学を卒業し、大手企業で居並ぶ同期の男性社員を押しのけ、トップで管理職に抜擢《ばってき》されたS枝さん（34歳）。

まさに宝塚歌劇の男役のような、強さと美しさを備えたキャリアウーマンの口から、「らしからぬ」というか、しおらしい言葉が出てきたのが、意外すぎて、可愛く思いました。

このS枝さんだけでなく、世間的に輝かしいとされる学歴、経歴、実績をおもちの方々が会員さんの中にいらっしゃいます。

そして、面談の際に、そういう方々からそれぞれ、いまに至るまでの経緯や経験などを聞かせてもらっていると、いろんな意味で学ばせてもらえることがたくさんあります。

幼い頃から、お勉強も習い事もスポーツも一生懸命に取り組まれ、それから進学先も就職先も、そしてキャリアもすべて、努力と頭のよさ、行動力や強い意志でもって、ご自分の目標を達成されてきた。その生き方には尊敬の念をいだきます。

ですが、そんなエリートの方々も、結婚という対象だけは、なぜか、ご自身が思い描くようには、いまのところなっていないことがあります。

S枝さんをはじめ、そのような人にとっては、人生で初めて「壁」にぶち当たっている状態なのかもしれません。

そこで、その人が本当の意味での「頭のいい人」なのか、単に優等生であっただけの人なのかが、はっきりとし、そのいずれかによって、以降の活動やそれに伴う成果が変わってきます。

というのも、結婚という目標、こればかりはすべてにおいて、相手があってのことですから、自分の努力がそのまま結果につながるとは限りません。

それなのに、そんな当たり前のことが理解できず、自分の思うようにならなかったとき、プライドが許さないのでしょうか、それを受け入れられない人がいます。

失敗しても復活の道はいくらでもある

「なぜこの私のほうが（交際を）断られるのですか？　納得できません！」

「そこを何とかして相手を説得するのが橋本さんの役目でしょ？　ちゃんと仕事をしてください！」

まるで取引先のミスを責めたてるような調子で、その感情を私にぶつけます。

それはしかたがないのです。その人には、私しかあたる相手がいないので。

こんなとき、いままでの人生で、思い通りにならないことを〝経験していないこと〟はその人にとって「不幸」だなと、つくづく思います。

ずっと記憶に残っている、ある著名な作家の言葉があります。

「物語には穴に落ちる話と穴から這い上がる話の2種類しかない」と。

人によって「婚活」に取り組むことは、思い通りにならないことをたくさん経験する機会でもあります。

その道中では穴に落ちてしまったような挫折を感じるときもあるかもしれません。

それでもなお、そこから何かに気づいたり、学んだりすることができるか。

そのことによって、いままでの考え方や行動を変えることができるか。

こうした、穴から這い上がるような経験をすることが、人間としての成長につながるのだと私は思います。

婚活することを通してでしか、得ることのできない「学び」があります。

その「学び」によって、結婚するかしないかの結果に関係なく、自分を幸せにしていける力が身についていくのです。

結婚式の準備が二人の危機になる？

お見合いからおつき合いが始まり、デートを重ねるうちご縁が進み、そして、めでたく婚約へと至る。

ここからは結納や結婚式などの日取りや場所を決めていくなど、二人の共同作業が始まります。

相手の意外な一面とどうつき合うか

いまは式も披露宴も、新郎新婦の希望に合わせ、いろいろとオーダーメイドできる項目がたくさんあるようです。

お料理や引き出物はもちろん、余興や演出も今風に凝ったものにするなど、イベントとして作り上げるというのが一般的になっていると聞きます。

それを仕掛ける式場やウエディング業者は、細かな提案をしたり、料理の試食会を催したり、式1件の受注をとるための差別化に力を入れているようです。

しかし、ここまで進んでいるということは、当の新郎新婦は結婚式を挙げるにあたって、あらゆることでの選択肢がいくつもあるわけです。

一つのことを決めるにしても、迷ったり時間がかかったり、何かと面倒なことが増えているとも考えられます。

実はこういうことが、意外にもあとで問題を引き起こす原因になったりするので注意が必要です。

これはいまに限ってのことではありませんが、婚約した二人が結婚式に関するやりとりをしていく中で、お互いそれまで気づかなかった相手の意外な一面が見え、そこから関係がぎくしゃくしだすということが結構あります。

多くの女性にとって結婚式は、子どもの頃からの夢であり、憧れです。

それこそ、幼い頃から自分の結婚式には何色のドレスを着て、お色直しは何回でというようなことをたびたび想像してきたわけですから、人生の大イベントで、自分が最高に輝くことに執着します。

かたや男性は、照れ臭さや面倒というのもあるでしょうが、できることならシンプルにしたいと考える方が多いようです。

このように二人の結婚式に対する温度差があることに加え、「娘の晴れ舞台には好きにさせてやりたい」とか「ウチは親戚も遠いし、身内だけの式でいい」など、親御さんの考えがまざってくると、ややこしさはさらに増します。

●折り合いがつけられないと最悪、破談になる

お互いがうまく折り合いをつけることができなくなって、最悪の場合、破談になってしまうこともあります。

「まさかの落とし穴」ですが、いままでに何度か遭遇してきました。

もちろん破談とまではいかなくとも、結婚の準備をする道中で、お互いが相手に対して不信感をもってしまうというのは、どのカップルにも起こりうることです。

結婚を本気で意識するまでに、お互いの関係を育んでいる期間の男女の心理は、ともに張りつめた状態にあります。

たとえば、相手に気になるところが多少見えたとしても、それを我慢することの苦痛と相手と別れることの苦痛を天秤《てんびん》にかけ、我慢のほうを選びます。

こうした油断をすれば、「一瞬で相手を失うかもしれない」という緊張感が二人をつなぎとめる役割をします。

それが「婚約」にまでたどり着くと、これまでの緊張が解け、それによって相手に譲歩する気持ちもゆるみます。

そして、お互いが相手に対し、「私の妻」「私の夫」というような「所有」の感覚をもちはじめ、我を通そうとするようになります。

「君は僕の妻になるんだから、僕に合わせるのが筋だ！」とか、「あなたは私の夫になるのだから私の希望を聞いてくれて当然でしょ」という具合に。

このように「結婚式」をめぐってお互いの関係がおかしくなり、それが高じて最悪は破談になる。

そもそも、そんな残念な結末になってしまうのは、「二人の縁」自体が本物ではなかったとも言えなくはないのでしょうが、結婚を誓い合ったすべてのカップルにとって、そのようなリスクはゼロではないのです。

最後の一歩が決断できない?

「ご無沙汰しています。突然ですが、私、このたび、結婚することになりました」

久しぶりに会員のY江さん(31歳)からいただいたメールに心が躍りました。

行動することでチャンスはやって来る

Y江さんが入会されたのは半年前。入会1か月で早々と3人の方とお見合いしたのですが、どなたともおつき合いには至りませんでした。

それ以降、Y江さんはお見合いの申し込みがあっても、返事はお断りばかり。というのも、入会から2週間後に、職場の先輩にあたる男性から交際を申し込まれたとのことで、彼女は気持ちの整理がつくまでお見合いは控えようと考えていたのです。

私はY江さんの彼に対する気持ちを聞きました。

「いままで意識しなかったけど、先輩から告白されたときは、なぜか嬉しかったんです」

「そう。あなたが嬉しいと感じたなら、彼はご縁の人かもしれないから、しばらくおつき合いしてみたら。もしそれで違うと思ったら、また活動を始めたらいいじゃない」

Y江さんのように、私のところに来られてから比較的短い期間で、職場など別のところでご縁が生まれ、そこからいい方向に進んでいかれるという方は結構多いのです。

結婚という願望を実現すべく、相談所に入会するという〝現実的な行動〟に出ることで、そのルート以外からもチャンスがやって来る。

つまり、「引き寄せ」といわれる現象が起こる。このようなことはよくあります。

●――土壇場で自分から幸せの扉を閉じてしまう人

当たり前の話ですが、願望をかなえるには、チャンスを「引き寄せ」て、それを「受け取る」ことが必要なわけですが、婚活においては、この「受け取る」という行動ができない人が意外にも多くいます。

なぜ「受け取る」ことができないのか？

それは受け取るための準備ができていないからです。

受け取る準備とは、本人に「必ず結婚する」という決意ができているということを指します。

このように言うと、

「お金も時間も使って婚活している人に、結婚する決意ができていないことってあるの？」と思われるかもしれませんが、それは本当によくあるのです。

そもそも「私は結婚する」と決意ができているか、いないかということを実際に本人もわかっていなかったりするのです。

それが明らかになるのは、いざ、良いご縁にめぐり合い、いよいよ結婚が現実になりそうになったときです。

「彼のことは好きなんですが、本当にこの人で間違いないかすごく不安なんです」

「この人で間違いないって、そんなことは次に進まないとわからないじゃない」

「なんでこんな立派な人がいままで独身だったなんて、逆に何かあるんじゃないかって、思うようになってきたんです……」

「何かあったに違いないって、どうして言い切れるの？　そもそもあなたとご縁があったから、彼はいままで独身だったって、どうして考えられないの？」

こんな調子で、素直に手を差し出せば結婚は手に入るのに、土壇場でその機会を自分から手放してしまう。なかには、「本心を言うと幸せになるのが怖いんです」とまで言う人もいます。

結婚して幸せになったとして、もしもそれを失ったときには、すごくつらい思いをします。それならいっそ、そんなことは最初からないほうがいいと、もとにいた場所に戻ってしまうのです。

幸せになるカギを手にしているのに、それをカギ穴に差し込むことをためらう。結婚を阻む本当の障壁は、意外にも「決断できない自分」なのかもしれません。

第6章

年齢によって結婚は変わる

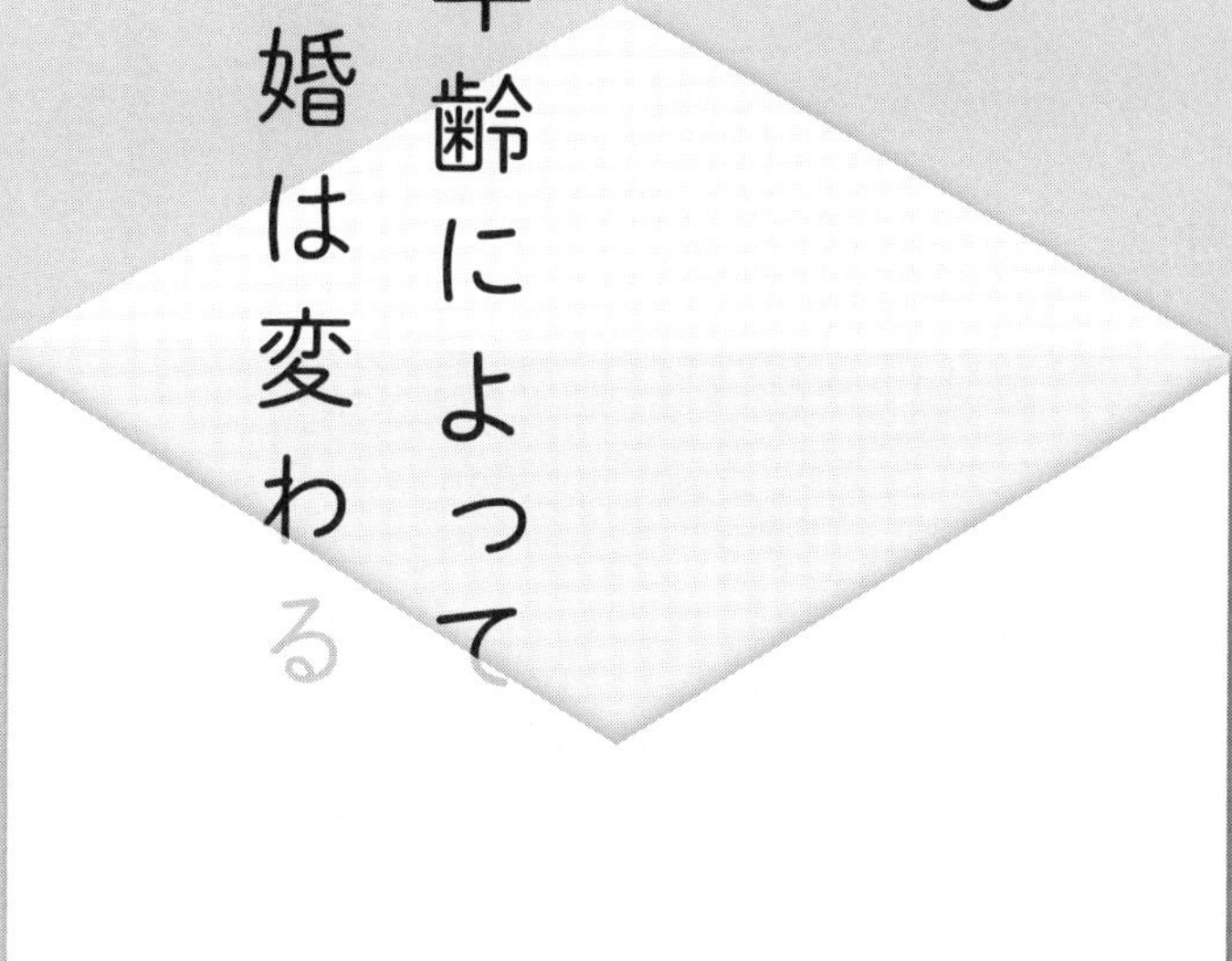

20代の結婚は早すぎる？

ある夜のこと、帰り支度《じたく》をする前、最後のメールチェックをすると、一人の女性から4日後の面談希望で予約をいただきました。神戸市在住のR香さん。その年齢を見て「25歳かぁ……」と思わず声が漏《も》れてしまいました。

真剣に考えるのに早すぎることはない

私のところの会員人数は、ここ数年、成婚退会者と入会者が交互に出ながら、400名を超えたり割ったりを繰り返しています。

全体的な割合でいうと30代が約5割弱を占め、続いて40代が3割。50代以上が1割強、そして20代が1割というような構成をしています。

また20代といっても、そのほとんどは、28歳、29歳の女性で占められていますから、もしこのR香さんが入会されたとしたら、かなり若い会員さんということになります。

それから4日後の夕方、R香さんは事務所にやって来ました。まだ25歳という年齢のわりには大人っぽく、とても聡明そうというのが第一印象でした。

「25歳から婚活を始めるなんてまだ早いでしょうか？」

と少し不安そうな表情で彼女は私に訊《き》きました。

「いまは初婚年齢が上がっているから、あなたがそう考えるのもわかるけど、私は少しも早いとは思いませんよ。出産のことを考えれば20代半ばから30歳手前くらいが一番いい年頃だし、いま、あなたの年齢くらいからいろんな男性と会ってみて、そのうちに、いいご縁になりそうな方がいたら、結婚のことを真剣に考えてみる。それくらいの気持ちで活動を始めてみるのはどうですか？」

と、私が言った途端、彼女の表情がパッと輝いて見えました。

「じつは母も橋本さんと同じ考えで、いまから準備しても早すぎることはないって」

「そうなのね。ご両親はおいくつ？」

「父が53歳で母は49歳です」

「まだお若いのね」

ちなみに初婚年齢に関する調査によると、平成元年のそれは平均で、男性が28・5歳、女性が25・8歳であったのに対し、30年近くたった平成28年では、男性は31・1歳、女性が29・4歳と上がっているのだそうです。

お見合いでは同年代の相手を見つけるのは難しい

このような結婚事情の変化もふまえ、「20代の結婚」について、そのメリット、また熟慮すべきこと、そして婚活における留意点など、私の思うところをお話しします。

特に女性が20代で結婚することの良い点は、先ほども触れたように年齢的に出産に適していることです。また、これは人によって「違い」がありますが、R香さんのようにご両親もまだ若くて元気という場合が多いので、出産、育児に関しても何かと援助が受けやすかったりもします。

これらは、20代で結婚することの大きな利点だと思います。

そして、選択すべきこととしては、結婚生活と仕事や将来のキャリアとの折り合いをどうやってつけるかということです。

20代は仕事のイロハを学び、社会人としての基礎を固める時期です。

そのタイミングで、出産、育児を重ねることになるわけですから、職場の規定内できることを充分に活用するとか、パートナーや家族の協力などいろんな可能性を計り、賢くやりくりすること。そのような経験がまた将来の仕事、家庭生活の両面で活きてきます。

最後に婚活における留意点について、お話しします。

ここでは、私たちのような業者を介した場合の話に限らせていただきます。

20代の女性には男性からお見合いの申し込みが入ってくる率はたいへん高く、自分さえ同意すれば多くの男性と出会うことができます。

ただし、同じ20代男性となると数は少なく、若くても30代前半の男性で、10歳近く離れている方との組み合わせが多くなってきます。

そのような年齢差がある男性を結婚相手として、受け入れられるか、運命の人と恋に落ちて結婚するというストーリーにこだわると、期待外れになることもあります。

したがって、この若い年代で、そもそも恋愛する相手と結婚相手は違うのだという割り切りができるかどうか。

結婚の可能性は、それによって変わることがある、ということを覚えておいてほしいと思います。

30代のうちに結婚したい？

「私、もう34歳ですから……」

30代も半ばに近づくと、多くの女性が「もう○歳ですから」と、会話の中で「もう」という一言を頻繁に発するようになります。

●「もう30歳」を「まだ30歳」に変換しよう

あまりにこの「もう○歳」を口にしていると、そのご本人が自分自身を追い込んでしまうので、私は彼女たちに「もう」を「まだ」に「変換しましょう」と提案します。

「まだ○歳」と考えることで、気持ちはいったん落ち着きます。

そのうえで、結婚に向けた「現実的な行動」に出る。30代女性は、その年齢にふさわしい知性を伴った、「大人らしい婚活」を実践することが願望実現への最短距離を進むことになるのです。

そのために最も重要なことは、「30代の自分を自覚する」ことだと私は考えています。一括《くく》りに30代といっても前半から半ば、また後半という各段階によって精神面、肉体面ともそれぞれの違いが出てきます。

それでも共通して言えることは、「変化している自分」を理解したうえでの活動が、成功のカギとなることを意識してほしいのです。

第1章でも述べましたが、女性は30歳をすぎると年々、異性に対しての「惚れる力」が落ちてきます。

その力の低下を自覚することなく、「運命的な出会いでなければ結婚はできない」という考えにしばられていたとしたら、それこそ「本物のご縁」を逃すことになります。

「惚れる力」が落ちているのだから、既に「運命」と感じとれる感度は鈍っているのです。

逆に、そのぶん「これといって嫌ではない男性」が増えてきます。

わかりやすく言えば、それだけ人間がまるくなりはじめているのです。

恋人に適した人と、夫にふさわしい人は、明らかに違います。

異性としての魅力だけでお相手を判断するのではなく、お相手を子どもの父親として想像してみたらどうなのか？　将来、家族に何か問題が起こったとき、家長としての役割を果たせる責任感をもっていそうか？　できるだけその方のいいところを探すという「加算法」でお相手を見ていくことが「本物の縁」を近づけるコツです。

職場での自分をお見合いの場にもちこまない

それともう一点、「変化している自分」を理解したうえでの取り組み方をお話しします。

社会人としてのキャリアを積み上げてきた30代女性の多くは、各職場においても欠かせない人材として活躍しています。

それこそ30代半ばから後半にもなると、役職者の方も大勢いらっしゃることでしょう。

しかし、その一方で、女性は年齢に伴うホルモンバランスの変化に加えそれだけ社会で活躍している期間が長くなると、無意識のうちに男性的な要素が増えてくるといわれています。つまり無自覚のうちに「勇ましく」なっているのです。

特に会社で評価されている女性ほど、何気ない態度や口調にも迫力が出てきます。

こうした特徴は、私のところの女性会員さんからも感じることがたくさんあります。

これらのことからも言えるのは、男性からは、手強そうだとか、一緒にいてリラックスできないとか、そのようなマイナスの印象をもたれやすくなっているのです。前にも述べた通り、男性の多くはプライドを満たしてもらえる女性に魅力を感じます。

これは男性がそういう生き物だからどうしようもありません。

あまり受け入れたくないことかもしれませんが、「素に近い自分」で男性と接していると、知らず識らずのうちにお相手を遠ざける可能性を広げてしまうことになるのです。

30代女性が、結婚の確率を上げるには、まずこうした目には見えにくい「壁」の存在を知ることです。

そのうえで、古い考えと思われるかもしれませんが、一歩下がって相手を立てるという姿勢で男性と接することです。

このように自分の感情をコントロールした、「大人らしい婚活」を徹底できる人が、結果として願いをかなえているのです。

年齢が結婚の障害になる？

本章では、20代と30代の結婚に関するお話をしてきたのですから、そのままの流れで40代の結婚を取り上げるべきなのでしょうが、その前に「年齢と結婚」の関係についてのお話を挟んだほうが、より40代の結婚における重要点がご理解いただけるかと思います。そこで、ここは、あえて寄り道をすることにします。

どんな結婚生活を望むかで相手の年齢も変わってくる

「僕は来年で54歳になるんですが、この年齢になってからでも結婚できるんでしょうか？」

「ウチの長女は、いま46歳なんですけど、お宅ではこの年齢でも結婚させてもらえるんでしょうか？」

このようにお問い合わせの電話をいただいた際、お電話の主の多くが「いまの年齢でも結婚できるのか？」という質問をされます。

あくまで「ご縁」のことなので、その方が結婚できるかどうかについて答えることはできませんが、実際に年齢がハンディになるかどうかは、その方が求めるお相手像によって大きく変わります。

私の会社は、全国で2000社以上の同業者が集う大手の結婚相談所連盟に加盟しています。この連盟が運営するサイトでは各相談所に入会している男女、6万5000人超のプロフィールが掲示されています。

各相談所の会員さんはこのサイトを閲覧し、そこから会ってみたいお相手を探してお見合いを申し込みます。ウチも含め、各社の会員の皆さんはご自身と同じく婚活中の男女の、その膨大なデータを頻繁に閲覧していると、感覚が麻痺してくることもあるのでしょう。「どうせ結婚するならこんな人」と、つい求めるお相手像の基準を上げてしまうのです。

特に相手の年齢は男女ともに最優先のチェック項目ですので、それが顕著に表れます。

たとえば50代も半ばをすぎた男性が「子どもが欲しい」という理由で、まだ30になったばかりの女性にお見合いを申し込む。

あるいは40代も後半にさしかかった女性が「以前、何人か年下の人とつき合ってきましたので」と過去の経験をもとに、10歳も下の男性に申し込む。

このように男性は自分よりも20も若い女性しか見ていなかったり、女性は同年代から年下男性以外は対象としなかったり、男女ともに年齢が上になるほど現実にはマッチングしにくい相手を求めるという傾向があります。

●――若い頃とは違う自分の変化も理解しておく

日常生活での男女の出会い、たとえば職場や取引先などの仕事環境や個人的な交友関係から発生する人との出会いの中で、そのような年齢の異性とおつき合いに至る可能性もあるでしょう。

しかし、私たちのような結婚サービス業者等を介した、いわば「婚活市場」という環境下では勝手がまったく違います。

ここでは、お相手選びにおいて、男性は女性の年齢と容姿を、女性は男性の収入や職業、そして年齢を最初の判断材料にし、その人にお見合いを申し込むかどうかを検討します。

特に男性は、先ほどの例は別にしても、その多くは7〜8歳から、ひとまわりくらい下の女性を対象にお相手探しをしています。

このことから次にお話しするテーマ、40代女性が結婚する確率を上げるには、やや厳しい話ですが、そのような現実を受けとめたうえで自身の活動を考える必要があります。

それとあともう一つ、先ほどの「30代の結婚」でも述べましたが、年齢的な問題として異性に対する感度、つまり「惚れる力」は30代の頃よりもさらに落ちていきます。

ですから実際、40代女性で成婚に至った方も、

「私、この程度の気持ちで、本当に彼と結婚していいのでしょうか？」

と、お相手に対する自分の想いに確信を得られないまま、結婚式を迎えることもよくあります。

この「年齢」とお相手との兼ね合い、そして「変化している自分」への理解をふまえたうえで、40代ならではの成熟した知性を活かした「大人の結婚」を果たすためのヒントを探っていくことにします。

40代での結婚が増えている？

以前は、私にとって40代女性を成婚させることは難しい仕事の一つでしたが、ここ3〜4年くらいでしょうか。40代女性の成婚は増えはじめ、いまでは普通の仕事になっています。振り返ってみると、結婚に至った40代女性は皆さん共通して、前でお話ししたような現実をふまえた「理性的な婚活」を実践されていました。

お互いにお互いを尊重し合える関係

肝心の結婚生活ですが、実際に私がお世話した方々の多くは、その後の生活においても、たいへん満足されているようです。

先ほども説明しましたが、40代女性との結婚を望まれる男性の多くは7〜8歳から、ひとまわりくらい年上の方で、実際にそれくらいの年齢差の二人がご夫婦になられているのがほとんどです。

これくらいの年齢に達している男女は、既に職場でも責任のあるポストにつかれているなど、確固たる生活のスタイルがあります。

女性も結婚によって、これまでのキャリアや現在の職場でのポストをそう簡単に捨てることはできません。

大人のカップルのいいところは、こうしたお互いの仕事、生活スタイルを尊重し合い、協力できるところを話し合うなど、お互いに心地の良い関係をつくることができる。結婚後の幸福感が大きい理由は、そういう点にあるのでしょう。

それでは、一人の40代女性の成婚例をもとに、「幸せな大人の結婚とは？」を具体的にイメージしていきたいと思います。

●――これまでの体験、キャリアを結婚で活かす

大手保険会社で営業部の管理職として活躍されているS穂さん（44歳）。彼女が私の相談所に入会されたのは3年前。これまで30人近くの方々と会われ、おつき合いに至った男性も何人かいましたが、いずれの方に対しても結婚を意識できるほどの気持ちになれず、彼女の婚活はなかなか前に進みませんでした。

そんなある日、彼女がいま、唯一おつき合いしている男性との「今後について」の相談がありました。

その方との交際期間は4か月になります。

男性は54歳。代々続いてきた農業に従事しながら、不動産業、物販業その他、複数の事業を営んでいる実業家です。彼はS穂さんとの結婚に前向きで、彼女の気持ちしだいで、このご縁はすぐにでもまとまります。

「人柄はいい方なのですが……」と、S穂さんはこれまでと同様、お相手に対して、この先も結婚できるほどの感情が芽生えるのか、確信がもてないようでした。

私は彼女に聞きました。

「あなたの感情が高ぶらないのは別にして、もし彼のお仕事のパートナーになるとしたら、あなたの経験を活かしてその事業に貢献できることはあるかしら？」

彼女はハッとした表情を見せたあと、こう答えました。

「いまの保険業務においては禁じられているのですが、私はこれまで多くの経営者に節税や経営リスクの分散を目的にした保険商品の提案をしてきました。ですからコンサルタント的な視点で診断をして、事業計画をどうすべきかを一緒に考えるなどでは、彼の事業をサポートできます」

「なるほど。夫婦、家族に加えて事業でもお互い人生の共同経営者になるって考えたら、彼と結婚することで、あなたはまた新しい生き方や生きがいを見いだせるかもしれないわね」

そう言うと、S穂さんの目が輝きました。

「そういう関係も素敵かもしれない。橋本さんのそのアイデア、私、真剣に考えてみます」

それから2週間後、S穂さんは彼との結婚を決めたことを私に報告してくれました。

S穂さんは、2週間前に私がアドバイスした通りに、彼に自分たちの結婚に対する考え方を提案したそうです。

「充実した人生を送るための共同経営者になりませんか」

という彼女の言葉に彼は感動し、

「あなたと出会えてよかった」

と心の底から喜んでくれたそうです。

S穂さんは、当分のあいだは自分の仕事を続けながら、ご主人の事業にできる範囲で関わっていくとのこと。燃える愛ではないれけど、静かな愛で永く結びつくことができる。大人同士だからこそできる幸せな結婚があるのだと私は思います。

いまからでも子どもをもてる?

先ほど、年齢が結婚の障害になるのかということに関して、男性は自分よりも年齢がうんと下の女性を、女性は自分と近い年代あるいは年下の男性を求める傾向が強いというお話をしました。

50代で初めて子どもができた男性の場合

男性会員さんの中には、「僕は自分の子どもが欲しいので、それができる年齢の人でないと……」と、自分よりもひとまわり以上は若い女性としか、お見合いをしない人が結構いらっしゃいます。

それは人間としての本能ですから、その切実な気持ちはわかります。

とはいえ、これもお相手があってのことです。

実際に年齢の離れた女性をその気にさせるには、それなりに魅力がある、または魅力的な振る舞いができないと難しい。でも残念ながら、そのような希望をもたれる人に限って、体型も肌ツヤも、服装も髪型も自分を整えることには関心が低かったりします。

そういう方が多い中、本人が望んだわけでないのですが、たまたま54歳で30代半ばの女性と結婚した元会員のＩさんが久しぶりに事務所に来られました。私を訪ねてくれたのは、2か月前に生まれたご長男の写真を私に見せてくれるためでした。

しかし、彼が目を細めながら〝息子自慢〟をしたのも束の間、じつは喜んでばかりはいられない、その胸の内を話しはじめました。

「この年齢で、我が子を抱けるのは本当に幸せなことです。でも、あと5年足らずで僕は定年です。この子が大学を出るまで20年以上あります。勤務先は中小企業なので退職金の額も知れています。当然、定年後も働くつもりですが、その頃、それなりの仕事につけるかわからないし、そう考えると、押し潰されそうな気持ちなります」

新米パパは現在55歳。Ｉさんの言葉にはいろんな思いが詰まっているぶん、私の心にもずっしりとした重みが伝わってきました。

●――最初から自信満々の親なんていない

子どもが欲しいから結婚したい。とはいっても、夫婦になったから必ず子どもに恵まれるとは限らない。やはり子どもは授かるもの。授かるとは、本当に大切なものを神仏や目上の人から与えられるという意味だそうです。

与えられた大切なものを通して、何を生み出すのか？

「授かる」という言葉には、人としての使命とか、そんな大きなテーマが含まれているように感じます。

私は25歳のときに4つ年上の主人と結婚し、1男2女を授かりました。

母親として、授かったこの子どもたちの育て方を振り返ってみたとき、本人たちがどう思っているかは別にして、私自身はけっして「うまくやれた」とは思っていません。

3人とも世間的に見栄えのいい経歴をもたせてあげることもできませんでしたし、中年にさしかかった今も、本人たちそれぞれが、何らかの問題や悩みをもちながら日々を生きています。

人生というものが、死ぬまで卒業できない学校だとしたら、「子育て」というこの1科目の評価は、私の場合、A、B、Cの3段階のCだったと思います。

しかし、低い結果に終わったことが、絶対的な「負」であるとも考えていません。

なぜなら、子どもを授かり「至らない母親」を経験したからこそ、いまになってようやく〝活かされている何か〟があるからです。

私はこの仕事を通して、会員さん本人だけでなく、その親御さんとも接する機会が数多くあります。皆さんとの対話の中で、ときにご家族それぞれの、内側の話を聞かせていただくことが頻繁にあります。

特に子どもの結婚問題は、親の悩みでもあるというご家族もたくさんあります。

もし私が何に対しても自信満々の母親だったら、そんな皆さんの痛みや悩みを理解しようという姿勢をもつことができたか？

そう考えると、「うまくいかなかった経験」も何かの役に立っているのです。

子ども、そして家族について、もう少し突っ込んだ話をしてみたいと思います。

結婚したら家族になれる？

数年前、某有名雑誌が「結婚はコスパが悪い」というタイトルの特集を組んだことがありました。その内容は、結婚は学業や仕事とは違い、かける時間や努力、精神的労力などに対しての成果が不確実であるとのこと。

女性が社会で活躍することが当たり前になった今、収入や地位の性差がなくなり、結婚によって自分のお金や時間、生活スタイルなどが制限を受けるとするなら、相手にそれに見合う価値が期待できない限り、それはコストパフォーマンス的にどうなのか？　という疑問から、結婚に踏み切れない男女が増えているというものでした。

思いやれる人がいることの安心感

このように結婚を費用対効果という尺度で「損か得」で計ると、その意味を見いだすのは難しいのかもしれません。

というのも、「幸せになるために結婚する」というのが一般的な認識だと思いますが、この「幸せ」を絶対的な目的とするなら、いまの時代は結婚に代わる生き方がいくつもあるからです。

これを逆に、その目的を「不幸を避けるために結婚する」と考えたとしたらどうでしょうか？

この「不幸を避けるために結婚」の意味を深く実感させられたのは、あの東日本大震災から数か月後に、仕事でお世話になった某放送局の女性ディレクターの方からいただいたお手紙を読んだときのことでした。

その意味を私がお話しするより、彼女からいただいたお手紙の内容をそのまま紹介するほうが、ずっと伝わるものがあると思いますので、以下に転載させていただきます。

「昨日はお忙しい中、長時間お邪魔し思わずおしゃべりをしてしまい失礼しました。お部屋中に幸せがあふれた空間に包まれ、ついつい長居をしてしまいました。

私は仕事を通して日々、いろいろな方々と触れる機会が多く、それはとても幸せなことだと思っています。

ただ東日本大震災のときに痛感したのは、（東京にいた）あの日、自分は親以外に誰の安否を心配しているのだろう？　私のことを大丈夫かと心配してくれる身近な人がいないという孤独でした。

子どもたちを思い、夫婦で連絡をとり合いながら、夜中に家路につく同僚を見ては、私は誰もいない部屋に一人戻っても『余震でつぶされたら誰にも発見されないだろうなぁ』などと考えてしまい、朝まで会社に残っていました。

親きょうだい以外にも、ともに思いやれる人がいるというのは、生きるうえで大きな力になりますよね。

昨日、橋本さんにお会いして、家族を得る安心と同時に、家族をつくる覚悟も必要だと思いました。前向きに結婚に対する気持ちを整理して、あらためてご連絡させていただこうと思います」

彼女のみならず、あの震災が起きてから、男女の、それも特に女性の結婚に対する意識が高まったことで、結婚件数が伸びました。また私たちのような結婚相談所に入会する方が全国的に増えるなど、大きな動きがありました。

苦しいことも一緒に乗り越えられる

こうした現象も人間の生存に関わる本能による反応だったのでしょう。平常時には先延ばしにしていたことが、大きな天災によって危機にさらされた途端、支え合う存在を多くの独身男女が求め合ったのです。

私たち日本人の平均寿命は年々延びていますが、間違いなく誰でもいつかは人生を終えるのです。それまでにはいろんなことがあります。

病気になることもあれば、仕事を失うこともあるかもしれない。

不遇な時期を生きなくてすむ保証など、どんな人にもないのです。

普段は気づきにくいことですが、結婚して誰かと家族になることの価値は、このような苦難に遭ったとき、助け合って、それを乗り越えることができる。そういうところにあるのだと思います。

幸せになるため以前に、不幸にならないための生活の場として家族をつくる。

これも大きな結婚することの意味ではないでしょうか。

子連れ再婚はうまくいかない？

会員さんの中には、お子さん連れで再婚を望まれている方が何名もいらっしゃいます。いわゆるステップファミリーになるための婚活です。

特に私たちのような相談所を介して再婚を望まれる男女の組み合わせは、男性は元妻が、女性は本人が子の親権者であることがほとんどです。

ここでは「子連れ再婚」のための婚活をスムーズに進めるための留意点や結婚後に起きやすい問題とその解消の方法について、これまでの事例や元会員さんたちからの生の声も含めお伝えしていくことにします。

シングルマザーの婚活

7歳と6歳。年子の女の子をかかえたシングルマザーM季さん（31歳）が入会手続きに来られた日のことをいまでもよく覚えています。

彼女は当時から遡《さかのぼ》ること8年前、看護師として勤務していた公立の病院で同僚だったレントゲン技師の男性と交際の途中、第一子を授かりました。それを機に結婚し、長女を出産。そして、その翌年に次女が生まれました。そこまでは幸せだったのですが、まもなく夫に多額の借金があったことが判明しました。

以降、夫婦関係が悪化し、それから1年を待たずに離婚したのだそうです。それからは、実家のお母さんの協力を得ながら育児と仕事を両立し、次女も小学生になったタイミングで再婚することを決心しました。

シングルマザーながらも凛《りん》とした美人のM季さんには、入会直後からお見合いの申し込みが相次ぎました。

何名かお見合いした中で、彼女は大手メーカーで管理職についているTさん（42歳）と交際することになりました。このTさんも離婚経験があり、元の奥さんが10歳の息子さんを養育しています。

交際から4か月がすぎた頃、二人はめでたくご成婚。しかし、それから以降、徐々に二人の関係がぎくしゃくしだしました。

●——二人の信頼関係を築くことが先決

結婚が決まったあと、こういうことはよくあることですが、Tさんがあからさまに M季さんに不満を漏らすようになったのでした。

その理由はM季さんの子どもさんにありました。

これまでもM季さんたちは二人だけでデートすることはほとんどなく、結婚を決めたあとも、会うときはずっと子連れだったからです。

M季さんとしては、二人の父親になるかもしれないTさんに子どもたちが懐《なつ》くようにとの配慮だったのですが、Tさんにとってはそれが大きなストレスだったのです。

夫婦関係を専門に取り扱うカウンセラーの話では、このような一方にしか子どもがいないケースにおいては、子どもよりも、まずは二人だけの時間を過ごし、絆を深めることが大事なのだそうです。

当時、私は、M季さんがそのようなおつき合いをしていることを把握しきれていなかったため、適切なアドバイスができなかったことを悔やみました。

ステップファミリーの課題は、結婚後の生活において継親と継子の関係を築くことが難しいことといわれています。

実際に子連れ再婚された元会員さんの後日談を聞くと、継親が継子を「大切にしてあげなくては」「我が子のように愛さなくては」と義務感をもつことで、その気持ちが継子に伝わらないときに、相当なストレスをかかえるのだとか。そして、そのようなことから夫婦のあいだに溝ができ、関係が悪化していくことがよくあるのだそうです。

また一時期、こうした葛藤をかかえながら、それを乗り越えた元会員さんは、次のようなことが重要だったと話してくれました。

ステップファミリーといっても実際には子どもの年齢によって課題は変わってきます。生活の中で何か問題があったときは、いまは子連れ再婚をした方々向けの情報サイトもあるので、他のステップファミリーの事例を調べること。また、自分たちで解決するのではなく、カウンセリングやワークショップなどを実際に活用する。そして、何より大事なことは「本当の家族になるには時間がかかる」ことをしっかりと認識し、夫婦で冷静に話し合う習慣をつけることなのだそうです。

しかし、そういった壁を乗り越えたからこそできた家族の絆は、何事にも代えがたい幸せをもたらしてくれると、その元会員さんはおっしゃっていました。

第7章

人生100年時代の結婚

結婚は一生に一度ではなくなった？

この原稿を書いている令和元年の秋は、テレビＣＭなどいろんなところから「人生１００年時代の〜」というキャッチフレーズが目に飛び込んできます。

遡ること3年前、『ライフシフト―１００年時代の人生戦略』というイギリスの学者さんが書いた本がベストセラーになりました。読んだところで到底理解できるはずもないくせに、私も衝動買いしたほど「１００年時代」という言葉にはそそられるものがありました。

以降、政府も「人生１００年時代構想会議」なるプロジェクトを立ち上げるなど、「１００年時代」は、瞬《また》く間に世の中の共通認識になりました。

さすがに私もこの流れには抗《あらが》えないと考え、会員さんの入会資格の年齢上限を男女とも5歳上に修正したほどです。

もちろん、すぐに１００年とまではいかなくとも、日本人の平均寿命はこれからも延び続けることでしょう。そうなると、これは夫婦の関係にも影響が出てきます。

最後まで添いとげる夫婦は少数派になる

人生が長くなれば、そのぶん夫も妻もお互いに結婚生活を維持していくための努力や工夫が、いまにも増して求められる、つまり難易度が上がります。

こうしたことから「夫婦として最後まで添い遂げる」というのが理想ではあっても、実際にそれができる夫婦は、やがては少数派になっていくのではないでしょうか。

会員さんの中でも、数年間、婚活を続けながら、未だ結婚には至っていない方々がいます。その方たちと接していて、つくづく感じるのは、そのほとんどは「結婚できない人」なのではなくて、結局は「結婚をしようとしていない人」なのです。

どういうことかというと、いざ結婚が決まりそうになるとマリッジブルーに悩むとか、親の反対に屈してしまうとか、「結婚の障害」となるものの諸々を本書でも述べてきましたが、最後はそうした理由を盾《たて》に「結婚しない」という選択を本人がしているのです。

そうさせているのは何でしょうか？

その多くは「結婚しても、失敗してしまったら、離婚するようなことになったらどうしよう」という恐れです。

その気持ちもわからなくはありません。男性と女性とでは、脳の機能も心理も役割もあらゆる面で違うことだらけです。

その違う者同士が、ともに暮らし、夫婦として、関係を築いていかなければならないわけですから、結婚生活は簡単なことではありません。思慮深く、慎重な人ほど、この「簡単ではない」を強く感じているのでしょう。

でも、もしそういう思考で、あなたや、あなたの近くにいる人が結婚を望みながら同時にそれを躊躇《ちゅうちょ》しているという矛盾をかかえているとしたら、いま一度よく考えてみてほしいと思うのです。

●——パートナーをかえるのも一つの選択

結婚に失敗することを恐れる以前に、いまの時代、そもそも結婚は最初から失敗しそうなリスクに満ちています。

不謹慎は承知のうえで言いますが、もともとリスクに満ちているのだから、長い人生で2回くらい結婚するのは「想定内である」と、開き直ることをおすすめします。

「1回もしていないのに、2回するなんて、そんなこと考えられない」と思う方もいらっしゃるかもしれませんが、大丈夫です。

未来のあなた、またはその人は、いまよりもずっと成長しているのです。

人はそれぞれ、人生の発達段階に応じてパートナーに求めるものが変わってきます。

30代のときには必要だったものが、60代では不要になったり、それとは違うものが求められたりするのです。

常に自分に正直に生きるとすれば、パートナーをかえるというのも、一つの選択です。

それは必ずしも、法律婚でなければならないことはありません。事実婚でもいいし、また人間として、お互いを心底理解し合える「親友」でもいいのです。

自分の人生を自由に創造する権利は、誰にもあるのです。

だから結婚など、2回以上は当たり前なのだと想定し、これからを生きることは、健全な考えだと私は思います。

結婚できないのは運がないから?

「婚活しても『結婚する人』と『結婚しない人』の決定的な違いが一つあるとしたらそれは何でしょうか?」

あるとき、入会を検討されている女性からこう質問されて、少しのあいだ、答えに窮しました。もちろんご本人の結婚に対する考え方とか行動とかで結果は大いに変わってきますが、「決定的な違い」と問われると、もうこれはその人の「運」と言うしかないのではないかと思ったのです。

● 結婚が必修科目になっている人

結婚する人、しない人の違いが運だというのは、それほど両者には差がないということですが、運がないのはダメな人という意味にとらえるとしたら、結婚しない人は運がないという表現は、ちょっと間違っています。

運というより、運命というほうがいいかもしれません。

ことわざに「袖摺《す》り合うも多生の縁」というのがあります。仏教の教えで、見知らぬ人とたまたま道で袖が摺り合うような些細なことも、前世からの因縁であるという意味ですが、「多生」という言葉からも、人は何度も生まれ変わり、さまざまな人生を送ると昔から考えられているようですし、私もそう考えています。

こうして人が繰り返し、この世に生まれてくる目的は、人生を何回も経験することを通して、その人の心のもっと奥にある自己の魂を成長させるためだといわれています。

そうだとしたら、人生とはある意味、研修期間のようなもの。そして、この研修の1科目として「結婚」があるのではないでしょうか。そして、それが今生の必修科目になっている人は結婚する運命にあると思うのです。

ここで思い出すのが、ある講話会に参加したときにうかがったお坊様のお言葉です。

「結婚とは、男女のお互いが夫婦にならなければ経験できない、さまざまな価値のある学びを通して成長するための修行です。あなたは、その最中にいる。大いに学びなさい」

会場に来ていた一人の女性が、夫婦関係についての悩みを相談されたのですが、それに答えたのが右の言葉でした。

●結婚しない人生が不幸とは限らない

当たり前の話ですが、結婚したからといって、その後ずっと幸せに満ちた順風満帆《じゅんぷうまんぱん》な日々が続くなどとは、考えにくいことです。

私自身も、夫と一緒にいた頃は、お互いにぶつかり合ったり、子どものことで悩んだり、いいことよりも葛藤を通してのほうが、大事なことを学んだのではないかと、いまとなっては思っています。

結婚生活が研修の1科目だったとしたら、私の場合、何を学ばされたのか？　たくさんある中で、その一つをあげるとするなら、やはりお姑さんとの関係だと思います。

私が結婚したのは、昭和30年代の後半でした。夫は姉と3人の妹に挟まれた5人きょうだいの長男。嫁いでから舅、姑はもちろん、数年は妹2人も同居という、いまでは考えられない環境で、結婚生活は始まりました。

姑にとって、私は可愛い一人息子の嫁です。さぞかし、疎《うと》ましい存在であったことでしょう。とげとげしく、感情を剝《む》き出しにして、私にあたることなどは日常茶飯事でした。

いま思い出しても身震いするくらいの、悔しさや理不尽さをたくさん味わいました。

けれども、結婚生活は〝魂を成長させる〟ための研修であるとするなら、姑が忍耐力や反骨心を私に身につけさせるために、あえて〝汚れ役〟を演じてくれたとも解釈できます。

「結婚する人」と「結婚しない人」の話に戻しますが、どう考えても「結婚できそうな人」が不思議と縁遠かったりするのは、その人に結婚運がないのではなく、過去の世で充分に学んでいたため、現世では「結婚」という研修の1科目を免除されているというのが、これまで数千人の縁結びに携わってきた私個人の結論です。

なかにはそれと似た考え方で、3年くらいの「期間限定婚活」と称し、婚活に取り組まれる方々もいます。その人たちに共通するのは「結婚しない人生、それも生き方」という考えです。自分の人生の課題科目に結婚はあるのか？　それを見極めるために一定の期間を決め、活動に集中する。そうした婚活もアリなのでしょう。

夫婦になるっていいこと？

私のところの会員さんもしかり、結婚によって「人生をより良いものにしたい」という、将来に向けた希望や期待が、誰にとっても結婚することの強い動機づけになります。そして、そのために、自分のニーズを満たしてくれそうな条件を備えた人を求め、それに向けた活動を続けた結果、当初の希望通り、またはそれに近い人とめでたく結婚に至るという方も数多くいらっしゃいます。

●結婚しなければ経験できなかったこと

ところが、いざ結婚生活が始まると、思い描いていたものとは、まったく別の日常が待っていたというお話もまた、多く耳に入ってきます。

たとえば、第1章で紹介したK子さん（20ページ参照）。彼女は生活に豊かさ求め、高年収の男性と結婚しましたが、実際の相手はたいへんな倹約家で、その期待は裏切られました。

このように「結婚する前まで思っていた彼（彼女）とは違った」とあとになって気づくことがあるわけです。

このK子さんもそうですし、もう一人、第3章で登場したエリート社員のWさん（90ページ参照）も、その後の話では同じ経験をしていました。

ここに夫婦になる男女の「不思議な関係」が透けて見えるのですが、K子さんとWさんの後日談から、それをあぶり出してみることにします。

将来は経済的に豊かな生活を送りたいと希望していたK子さんは、年収1000万円以上の男性と結婚することを目指し、見事にそれをかなえました。

しかし、そのご主人は倹約家であり、食費一つとっても月4万円しか与えられず、現実はK子さんが想像していた生活とはかけ離れたものになりました。

彼女も最初の1年ほどは、やりくりに四苦八苦したそうですが、それもしだいに慣れていったそうです。その後、二人の娘に恵まれ、育児と家事をこなす毎日を過ごしていましたが、月の生活費はそのままでした。

けれども、いまではどう工夫をすれば、少予算で満足のいく生活ができるかを考えることが逆に楽しいのだそうです。

こうして「やりくり上手」になったことで、ご主人からもたいへん感謝され、「デキる奥さん」になれたという自信を得たK子さんの毎日は充実しています。

ご主人がこのような生活を貫く目的は将来の資産形成にあり、家族を大事に考えるご主人をとても尊敬していると、K子さんは噛《か》みしめるように話してくれました。

●――相容《い》れない考えや価値観を受け入れる

続いて、Wさんのその後をお話しします。

交際期間中、彼のお相手は、常に自分は一歩引いた、「男性を立てる女」として振る舞っていました。彼は彼女のそこに惹かれ結婚を決意したのですが、結婚後は一転して、彼女は何かとWさんに干渉するようになりました。

法人を対象に研修を提供する会社に勤める奥さんは「あなたはもっと大きい男になる」と、何かにつけてWさんの能力向上につながりそうな書籍やビジネス教材などを持ち帰っては、自己研鑽《けんさん》を促したのです。

もともと、出世コースを歩んでいるという自負があったWさんは、奥さんのすすめが疎ましく、何度も口論になったとか。

それでも、その熱心さは、彼女が「自分の将来を真剣に思っていることの証」と考え直し、勉強に励みました。すると彼の社内での評価がさらに高まり、その2年後には異例の昇進を果たしたのだそうです。

このように、多くの夫婦は、運命的に結ばれた関係でありながら、お互いが相容れない考えや価値観をもっているものです。

その相容れない考え、価値観は、お互いにとって結婚当初は不快な感情をもたらすものだったりします。なぜなら、それは「自分の枠」の外にあるものだからです。

このお二方のご夫婦のように、ときにその相容れない考えや価値観をあえて相手に押しつけることで、相手自身が「自分の枠」を広げられるようになり、それが先々に、より良い人生を歩むことに有効な知恵や力を身につけるきっかけになっていたりするのです。

こうして互いに切磋琢磨していくのが夫婦ともいえます。それは実に摩訶不思議な関係です。

誰かが幸せにしてくれる？

私が常時使うパソコンの脇に1冊の大学ノートが置いてあります。

それには、その日にあったことで、印象に残ったことを一つ、1〜2行書きこみます。

ただし、愚痴や文句など、ネガティブなことはいっさい書かない。

どんな出来事も、すべてポジティブな表現をする、ということを自分で決めています。

幸せを感じる能力を養う

「今日は東京出張。丸の内のティーラウンジで、出版社の編集者Yさんと面談。会っただけで幸運をもらえそうなオーラを感じました」

「H氏、入会2か月でやっと交際成立おめでとう！　これは良縁の予感がする」

「Kさん、彼から待望のプロポーズがありました！　おめでとうございました！」

このように、ポジティブな言葉をノートにしたため、1日を締めるようにしています。

ノートの表紙に「倖せノート」と書いているので、ときどき、面談に来られた会員さんが、「それは何ですか?」と聞いてこられます。

そしてノートの中身を見せると「私もやってみようかな」という人も結構います。その人たちには一言、「良いことがあったら書くのではなく、些細なことでも良い面を見つけだして書くのがコツよ」とアドバイスします。

たとえば、

「お見合いの帰り、突然土砂降りの雨。雨宿りに20分も足止めを食らったけど、その間にメルマガで書きたい文面が浮かんできたからこれもよし」

とか、そんなことです。

「結婚して幸せになること」を求めている方々のお手伝いを仕事としているからかもしれませんが、結婚するしないにかかわらず、本来幸せになれる人とは、幸せを感じる能力が高い人です。幸せを求めるなら「幸せを感じる能力」を養うことだと思うのです。

ある意味しかたないことなのでしょうが、多くの人が〝自分を幸せにしてくれる結婚相手〟が目の前に現れてくれることを待ち望んでいます。相手が自分を幸せにしてくれる。つまり「待ちの姿勢」「受け身の姿勢」になってしまっているのです。

●──自分とは違う人と一緒に生きるということ

「他人は絶望的なまでに自分と違う」といわれます。

それは血を分けた肉親でさえ、です。ましてや、結婚する相手は他人です。

そう、結婚とは「絶望的なまでに自分と違う」人と人生をともにすることです。

考え方の違い、価値観の違い、行動の違い、体質の違い、味覚の違い、好みの違い、得意不得意の違い、違うことだらけです。

その違うところだらけの相手のことを受け入れ、ときに許し、あきらめ、妥協し、そして、愛し、感謝する。そんな受け身ではない「積極的な姿勢」「能動的な考え方」が「違う者同士」、永きにわたって生活をともにするうえで、少なからず必要なのです。

多くの会員さんにとって、結婚することが婚活の目的になっていますが、本来、結婚して幸せになることが目的であるべきなのです。

だから些細なことにも価値を見つけ、それを良きことと感じる訓練をする。「倖せノート」を書くのも、その一つの方法です。

悲しいことがあった、嬉しいことがあった、それ自体は一つの出来事にすぎません。

重要なことは、その出来事をどう解釈するか？

たとえ、自分にとってネガティブなことであったとしても、そこに価値を見出していくことが大事なのです。

結婚したことを後悔しない？

「成婚退会の手続きですけど、結婚してから1年くらいたって〝これでもう大丈夫〟という状態になってからでもいいですよね？」

以前、こんな常識外れなことを真顔で言ってこられた会員さんがいました。

本当にこの人でよかったのかという思い

「結婚してから1年くらいたって、〝これでもう大丈夫〟という状態って、何それ？」

「だって、結婚しても何があるかわからないじゃないですか？」

「だからといって、結婚しても、あなた、ずっと会員のままでいるつもりなの？」

「それって、できないことなんですか？」

一応結婚は決まったものの、漠然とした不安というか、「これでよかったのだ」という確証を得られていないから、そんなことをつい考えてしまう。特に女性に多い傾向です。

結婚において女性と男性では、やはりシリアスさがまったく違います。

いくら男性以上に経済力をもった自立した女性が増えたとはいえ、女性の人生は結婚相手によって、大きな影響を受けることには変わりありません。

ですから、「本当にこの人でいいのだろうか？」と思い悩むのは、ある意味しかたないことなのです。これについては私も思うところがあります。

●――結婚してよかったと言える人生

昭和37年の憲法記念日に、結婚式と披露宴を終えた夫と私は、新婚旅行先の信州に向かいました。その車中、「私たち、本当にこれでよかったのかなぁ……」と私は夫にさりげなく聞いてみました。

「アホやなぁ、よかったに決まってるやろ！」と、笑ってくれるのかと思いきや、「よかったかどうかなんか、死ぬときまでわからんよ」と、夫はそっけなく答えました。

一瞬、愕然《がくぜん》としましたが、

「いつか〝君と結婚してよかった〟と絶対言わせてみせたるわ！」

という闘志のようなものが胸に湧いてきたのを、昨日のことのように覚えています。

夫は公務員でしたから、収入は安定していましたが、昭和の高度経済成長下、民間企業の会社員と比較すると、けっして高い給与はとっていませんでした。

それでも、ゴルフに麻雀、仲間との旅行など、自分の好きなことを我慢するような人ではありません。事あるごとに、私は内職で稼いだお金を夫にもたせました。

前でお話しした通り、姑との折り合いもよくなかったので、夫にもずいぶん、愚痴をこぼしましたが、そのたびに「お前が我慢してくれ」の一言で片づけられていました。

それから、結婚22年目の年の瀬、肝臓がんの末期で余命2か月と宣告を受け、その後、余命期間を待たず2月下旬の極寒の夜、夫は52歳であの世に旅立ちました。

意識を失う前、彼は私にこう言いました。

「お母さん、あんたと結婚してよかった。生まれ変わったらまた一緒になろう」と。

そして、まだ桜が満開を迎えぬうちに、私はいまの事務所を立ち上げました。

早いもので、あのときから三十数年がたちました。何の経験も知識もない主婦が、いきなり会社を始めたわけですから、その大半は苦労の日々でしたが、それでも何とかこの事業を続けてこられたのは、唯一、あのときの夫の言葉が私を支えてくれていたからだと思います。

なに一つ贅沢をさせてくれたこともなく、どこに連れて行ってくれたという思い出もありませんが、最後の一言で、妻としての私を肯定してくれた。それだけで、今回の人生、私は充分に満たされています。

冒頭の彼女のように、結婚に対して、また相手に対して、さまざまな不安は尽きないでしょうが、「本当にこの人でよかったのか？」なんて、極端な話、あの世に旅立つ寸前までわかりません。そして、その「本当の答え」は自分で創りだすものです。

これから、嬉しいことも悲しいこともいろんなことがあるでしょうが、そのすべては、自分にとって必要な「学びの機会」なのです。

いまからでも結婚できる?

大手損保会社に勤務するS子さん(43歳)が入会されたのは1年前。「40歳までには結婚する」と目標を立て、38歳のときに大手の相談所に入会されました。けれども、なかなか良いご縁に恵まれないまま、時間がすぎていきました。そして40歳を迎えたときに、いったんは婚活を休止したとのこと。一度は「独身でもいいかな」と考えたS子さんでしたが、同年代の知人が私のところで結婚したことを知り、婚活を再開されたのでした。

●――これまでの生き方を変える勇気

最初の半年間は、S子さんの婚活は苦戦を強いられました。というのも、彼女が希望するお相手は、同じ年もしくは年下男性でしたので、お見合いが成立すること自体が難しかったのです。

ところが、年が明けてからは、それまでとは一転して50代の男性にも目を向けるようになり、次々とお見合いが決まりだしました。

そして、その中から、10歳年上の会社役員の方とのおつき合いが始まりました。

それから約2か月がすぎた頃、何がきっかけで、S子さんが年上の方にも目を向けるようになったのかを訊《き》いてみたところ、彼女は次のような話をしてくれました。

S子さんは、年末年始の休暇を利用して、愛知県に住む叔母さん（実母の妹）に会いにいきました。

ひと昔前は晩婚ともいえる34歳のときに結婚した叔母さんは、残念ながらお子さんには恵まれず、そのぶんS子さんを我が子のように可愛がってくれているそうです。

S子さんにとっても、親同然の存在である叔母さんです。その叔母さんが、そのときはいつになく真剣な態度で、結婚に対する彼女の考え方を問いただしてきたのだそうです。

S子さんは、結婚に対する希望や、いまの取り組み方を、包み隠さず叔母さんに話しました。

それに対し叔母さんは、S子さんに次のように言ったのでした。

「結婚したいけど、できていないのは、これまでのあなたの考え方と行動の結果なのよ。

これからもその考えと行動を変えないまま、結婚という結果を求めるとしたら、それは、あえて確率の低い方法を選んで、もがいているのと同じ。

それって、どこか幼くない？

10年前なら、ロマンチックな関係でいられる人を求めるのもわかるけど、43歳のあなたに時間の余裕はあるの？」

数年前からカウンセリングを学んでいるという叔母さんとの対話によって、S子さんはいままでにないほど現実を直視させられることになりました。

自分が成長するために、まずは結婚しなさい

そして、ここからが圧巻。

叔母さんは次のように続けました。

「一流大卒で、年齢は自分と近くて、経済力があって、と、いろんな条件をつけて、それを満たしている人と結婚できたら幸せになれると思っているんだろうけど、実際どこにそんな保証があるの？

すべてが満たされている人生なんてない。

何かがうまくいけば、何かで苦労させられたりする。

そうして、いいこともそうでないことも入り交じって、結局はバランスをとられるの。

結婚したら、幸せが向こう側からやって来るなんて、そんな受け身の考えでいたら、その期待は必ず裏切られる。

日々の結婚生活の中から、些細なことでも幸せと感じられるものを積極的に見つけていくことで、自分の人生が少しずつ良くなるのよ。

結婚生活というものは、学びの場なの。

嬉しいことも悲しいこともその全部が自分を成長させてくれるの。

だから、あなたは自分が成長するために、まずは結婚しなさい。

そのために結婚できそうな人と会いなさい」


叔母さんは、ご自身の経験と学びから得た「より良い生き方とは？」の答えを可愛い姪《めい》にも見つけてほしかったのでしょう。

それにしても見事なお説教です。

この教えはS子さんの心を動かし、その瞬間から彼女は「変わること」を決心したそうです。

S子さんが成婚の報告をくれたのは、その話を聞いてから1か月後のことでした。

S子さん、叔母さんがあなたにおっしゃったことを大事にしていけば、あなたの人生は必ず充実したものになると私は思います。

このたびは本当におめでとうございました。

おわりに

本当のご縁につながる

「本当の幸せとは何でしょうか？」

本書の締《し》めくくりに、私がお世話をさせていただいた会員さんの中でも強く印象に残っている方のお話をさせていただくことにします。

関西の有名私立大学で、教授として教鞭をふるわれているMさん（60歳）が、あかね屋に入会されたのは、いまから9年前。

「大学教授」の肩書きは人気があり、Mさんには、お見合いのお申し込みが絶えることはほとんどありませんでした。

それならすぐにも結婚が決まりそうですが、そううまくはいかないのが人生。

Mさんは過去に、お二人の女性と婚約に至りましたが、その二人とも結婚準備の途中で関係が悪くなり、最終的に破談となりました。

私からすれば「めぐり合わせが悪かった」というしかありません。

というのも、お相手の女性は二人とも、交際中は、Mさんに献身的に尽くすように振る舞っていましたが、婚約した途端に態度が急変しました。Mさんに経済的なことを含め、さまざまな要求を突きつけるようになったのです。

Mさんはできるだけ、お相手の要望に応えようとしましたが、結局、結婚生活を送ることは難しいと考えるに至りました。

Mさんの場合は、一人ならまだしも、二人目のお相手も同じようなことになったので、私もずいぶんと悩みました。

しばらく婚活を休憩されていたMさんでしたが、「三度目の正直」を信じて、活動を再開しました。

そして、その三度目が見事、実を結んで、Mさんにピッタリの女性とのご縁が成就しました。

以来、Mさんは事あるごとに、メールで幸せな日常の様子を報告をしてくださいます。

そして、そのメールの最後は、いつも次の言葉で締められています。

「お茶一杯淹《い》れてもらうことも嬉しい。苦労して手に入れた結婚だからこそ、家内への愛情もひときわ深く感じます」

結婚されたことで本当の豊かさを手に入れられたのだと、私までうれしくなります。

本書の中で、結婚と運気についてお話をしましたが、一般的に「運がいい状態」というのは、時間もかからず、苦労も挫折もすることなく、「望みがかなうこと」と解釈されています。

けれども私は、「逆のこともある」と考えています。

時間がかかったり、うまくいかないことが、その後のよりよい人生につながっている。だから、そのときは「運が悪い」と思うようなことでも、あとになってみると、じつは運がよかったということに気づくのです。

Mさんがもしも、最初のお相手と結婚されていたら、どうなっていたでしょう？

果たして、いまと同じように幸せな結婚生活を送られていたでしょうか？

Mさんは、結婚については「遅咲き」でしたが、そのぶん「幸せを感じる力」は、人の何倍も培ってこられた――なんと味わい深い人生でしょう。Mさんご夫婦が末永く幸せでありますよう、心よりお祈りします。

最後に本書を出版していただくにあたって、たいへんお世話になった皆様にお礼を申し上げます。

「1200組以上の縁を結んでこられた橋本さんの知恵袋を結婚に悩む多くの男女に提供してあげてください」と、本書をこの世に生み出してくださった、株式会社きずな出版の櫻井秀勲社長、編集を担当してくださった専務の岡村季子さん、また、このご縁を紡いでくださった飯田伸一さんの多大なるご尽力に、心から感謝の気持ちを申し上げます。ありがとうございました。

本書を通じて、一組でも多くの幸せなご夫婦が誕生されますことを祈り、またこの縁結びの仕事に精進していきます。

橋本きよみ

●著者紹介

橋本きよみ

25歳で4歳上の夫と職場結婚。以降、職場やご近所の人々の依頼による縁談を夫婦二人で次々とまとめ、「縁結び」の喜びに目覚める。夫の定年後、夫婦で結婚相談業を営むことを目標としていたが、48歳の時、夫ががんに倒れ、死別。その遺志を継ぐべく大阪の本町で「ブライダルサロンあかね屋」を開設する。以来35年、成婚に導いたカップルは1200組を超える。自身も長男の嫁として姑との確執や、3人の子育て、また子どもたちの結婚、離婚など家族間でのあらゆる喜怒哀楽を積み重ねてきた。嫁、親、姑、事業主という、さまざまな立場を経験したことで得た知恵や処世術により、結婚を望む男女のみならず、時にその親たちの悩みにも有効な解決策を示し、新郎新婦とその〝両家家族も幸せになる結婚〟を多数実現している。ドキュメンタリー「ドラマチック関西～浪花のおかん、縁結び物語」「あさイチ」「新日本風土記」「ニュース シブ5時」(すべてNHK)などテレビ出演多数。著書に『ご縁の神様がこっそり教える、運命の出逢いをつかむ7つの法則』(ソフトバンククリエイティブ)、『3年以内に結婚しようと決めたあなたへ』(サンマーク出版)などがある。

ブライダルサロンあかね屋
https://www.e-akaneya.com/

きずな出版
http://www.kizuna-pub.jp/

大人の婚活
――結婚で幸せになれる人の賢い選択

2020年3月1日　初版第1刷発行

著者　橋本きよみ

発行者　櫻井秀勲
発行所　きずな出版
東京都新宿区白銀町1−13　〒162−0816
電話　03−3260−0391
振替　00160−2−633551
ブックデザイン　福田和雄（FUKUDA DESIGN）
印刷・製本　モリモト印刷

ISBN978-4-86663-103-5

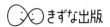

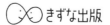

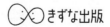